Berliner Hoflandschaften

EIN SPAZIERGANG DURCH BERLINS MITTE

Wolfgang Feyerabend

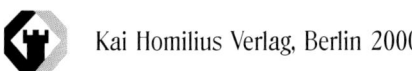 Kai Homilius Verlag, Berlin 2000

Impressum

© Kai Homilius Verlag, Berlin 2000

Autor:	Wolfgang Feyerabend
Titelbild:	Auguststraße 23
Abbildungen:	Archiv des Autors
Gestaltung:	andi'nu für K•M Design
Druck:	OFFSET DRUCK GmbH ROSTOCK
ISBN:	3-89706-898-2
Preis:	39,80 DM

Die Deutsche Bibliothek-CIP-Einheitsaufnahme
Wolfgang Feyerabend /
Berliner Hoflandschaften - Ein Spaziergang durch Berlins Mitte
Wolfgang Feyerabend
Kai Homilius Verlag, 2000

ISBN 3-89706-898-2

Ne: GT

INHALTSVERZEICHNIS

EINE KLEINE GESCHICHTE DER BERLINER HÖFE

Berlins einst vielgescholtene und dann vergessene Hofanlagen erfreuen sich seit Jahren eines wachsenden Zuspruchs. Sichtbarer Ausdruck ist der weitgehend verständnisvolle Umgang mit der historischen Bausubstanz. Teil- oder gar Komplettabrisse sind selten geworden. Statt dessen wird detailgetreu rekonstruiert und mit Millionenaufwand saniert. Boutiquen und Kunstgalerien, Cafés und Restaurants, Kinos und Theater, Firmen des kulturellen und Medienbereiches siedeln sich an. Auch das Wohnen auf dem Hofe wird zunehmend beliebter. Stadtführer beschwören bereits die „Magie der Hinterhöfe". Da scheint es geboten, einen Blick zurück zu werfen.

Firmeninschrift Bergstraße Nr. 70

Mietskaserne und Hinterhof – das war seit dem späten 19. Jahrhundert ein Synonym für elendste Wohnverhältnisse. Arbeiterwohnungen mit Stube und Küche, in denen durchschnittlich vier bis fünf Personen leben, richtiger: hausen mußten. Fensterblicke auf Brandmauern und graue Fassaden. Feuchte Wände gratis. Der Maler George Grosz erinnerte sich: *„Mein Vater starb, als ich sechs Jahre alt war. Danach Umzug, und ein düsteres Jahr in Berlin in einer Wohnung im Norden in der Wöhlertstraße. Gegenüber ein Kohlenplatz. Das Schild mit den schwarzen gekreuzten Hämmern erscheint mir noch manchmal wie ein pessimistisches Erinnerungszeichen an damals. Hinter der geteerten Brandmauer der übliche Durchblick auf den Hinterhof. Die graue Großstadtkulisse täglich vor Augen."* [1]

Wie aber ist dieser heutige Stimmungs- und Wahrnehmungswandel zu erklären? Der irrsinnige Großstadtverkehr mit Abgasen, Lärm und Schmutz hat sicherlich einiges zur Aufwertung des alten Berliner Hinterhofes als Refugium im hektischen Stadtraum beigetragen. Tatsache ist: Wer im Hof wohnt, wohnt längst ruhiger als an der Straße. Auch Nostalgie mag eine Rolle spielen in einer Zeit, die so verzweifelt nach Orientierung

sucht. Fast schon verbissen werden historische Architektur- und Baudetails restauriert. Selbst das Klo auf dem Hof, dort, wo es stehengeblieben ist, wird zum Denkmal.

Mit der am 1. Dezember 1925 in Kraft getretenen Bauordnung, in der es untersagt wurde „*Hinterwohngebäude und*

selbständige Wohnungen in Seiten-, Mittel- und Querflügeln" [2] zu errichten, war dem Neubau von Höfen und Hinterhöfen ein Riegel vorgeschoben worden. Die

kleinparzellige Überbauung der Grundstücke war endgültig passé. Es schlug die Geburtsstunde der großen Wohnanlagen, die, noch mehr Profit abwerfend, in preiswerter

Stadtrandlage entstanden und noch immer entstehen, und die den einen als „Wohnparks", den anderen als „Wohnmaschinen" gelten. Gleichzeitig erfolgte die strikte

Trennung von Wohnen und Arbeiten. Es wurden von diesem Zeitpunkt an reine Wohn- bzw. reine Gewerbegebiete ausgewiesen.

Hofwerkstatt Linienstraße Nr. 152 /
Tucholskystraße Nr. 45

Gottfried Keller, der Schweizer Schriftsteller, der 1854 an den Bauhofplatz Nr. 2 (Hegelplatz) gezogen war und hier u.a. seine

Novelle „Romeo und Julia auf dem Dorfe" geschrieben hatte, erlebte seinen Berliner Hof noch auf folgende Weise: „*...ich*

wohnte in einer Stube oben, unten war eine Schmiede oder eine Werkstatt, wo Metall verarbeitet wurde... Beim Hämmern unter

mir habe ich meine Geschichte geschrieben, der Lärm hat mich gar nicht gestört, eher beflügelt; ich wußte ja, drunten wird

rechtschaffen gearbeitet, also mußte ich Schreiberlein darüber auch meine Schuldigkeit tun." [3]

Das Wissen vom und um den anderen, das enge Miteinander der Nachbarn trug nicht nur zu Konflikten, sondern auch zu

Nähe und zu Vertrautheit bei. Gleichgültigkeit, wie sie heute im urbanen Leben immer wieder beklagt und durch die

Anonymität der Wohnverhältnisse gefördert wird, war weitaus schwieriger zu demonstrieren.

Es ist wohl genau das, was uns an den alten, überschaubaren Höfen fasziniert: die Möglichkeit, in Kommunikation zu treten, Distanz abzubauen, ohne die eigene Autonomie aufgeben zu müssen. Denn selbst die Hinterhofwohnung bleibt abschließbar. Auch das Gemeinschaftsgefühl ist eine urbane Qualität, die, mißbraucht durch zwei Diktaturen in Deutschland, in der Folge eher skeptisch betrachtet werden mußte. Aber der Wunsch nach nachbarschaftlichem Austausch ist vorhanden. Nützlich ist er sowieso, wenn es gilt, jemanden zu finden, der in unserer Abwesenheit den Wohnungsschlüssel verwahrt oder sich der Zimmerblumen annimmt. Da werden auch wieder Hinterhoffeste organisiert und gefeiert. Sie sind kein Zeichen dafür, daß der Städter sich wünscht, als Schneckenhausbewohner zu leben.

Hoffest in der Brunnenstraße Nr. 182, 1994

Giebelwand des Kunsthauses Tacheles,
Oranienburger Straße Nr. 54-56a

Es waren insbesondere junge Leute, Obdachlose, Studenten, Künstler, die nach der politischen Wende von 1989 leerstehende Gebäude in den alten Stadtteilen Berlins besetzten, auch retteten, und mit wenig Geld, aber viel Phantasie wieder Leben in die Hinterhöfe brachten.

Im Rückblick gesehen wurde mit der Bauordnung von 1925, die aus der damaligen städtebaulichen Diskussion heraus freilich verständlich war, das Kind mit dem Bade ausgeschüttet. Großzügig bemessene Mindestmaße für Hofanlagen mit entsprechender Vorgabe für die Traufhöhen der Gebäude hätten es auch getan.

Wohn- und Kunstprojekt Kule,
Augustraße Nr. 10, 1993

Ein helles Zimmer allein wiegt Isolation und Einsamkeit eben nicht auf. Wieviele ältere Menschen hängen an Wohnungen, die alles andere als komfortabel sind und

möchten dennoch nicht aus ihrem vertrauten Umfeld herausgerissen werden!

Mit den tausenden und abertausenden beklagenswerten Wohnzuständen, die das späte 19. Jahrhundert fabrizierte und

hinterließ, geriet eine sinnvolle „Erfindung", der Hof an sich, in Mißkredit. Übrig blieb das Haus, das in immer neuen Grundrißvarianten in die Landschaft gestellt wurde

und wird, neue Stadtbrachen schaffend, aus denen alle Intimität gründlich vertrieben ist. In unserer Sprache haben wir uns das Begriffspaar Haus und Hof bewahrt. Bei

der Wiederentdeckung und Wiederbelebung der Höfe, die ja nicht einmal in jedem Fall Hinterhöfe sind, sollten wir uns ihrer Geschichte versichern. Sie beginnt lange vor

der Reichseinigung von 1871, den Gründerjahren also.

Obwohl die einstige Doppelstadt Berlin-Cölln aus dem

Mittelalter keine baulichen Zeugnisse von Wohnhäusern und damit von Hofanlagen mehr besitzt, ist

dennoch davon auszugehen, daß die Grundstücksareale hinter den jeweiligen Häusern keineswegs nur als

Küchen- und Kräutergärten oder als Auslauf für das Vieh genutzt wurden, sondern schon damals auf

vielfältigste Weise in die Hauswirtschaftsfunktionen eingebunden waren.

Hof des Magnushauses, Am Kupfergraben Nr. 7

Je nach Art, Größe und Nutzung der Flurstücke dürften hier Stallungen und Scheuern, Werkstätten und Wagenremisen, Aborte

und Brunnen, Lagerhaltungsschuppen sowie Wasch- und Badehäuser zu finden gewesen sein. Selbst in den vorrangig der Repräsentation dienenden Höfen des Stadtadels

und der Patrizier wird man nicht umhingekommen sein, wenigstens einigen dieser Funktionen baulich Rechnung zu tragen. Umgekehrt wird deutlich, daß all die, deren

Häuser direkt an die Stadtmauer gebaut waren oder in sogenannten Zinsbuden wohnten und damit über keine Hofgrundstücke verfügten, eine wesentlich schlechtere Ausgangsposition hatten, um die Wohnung, den Stall oder die für die handwerklichen Tätigkeiten vorgesehenen Räume zu erweitern. Freilaufendes Vieh – Hühner, Schweine, Schafe – das mangels vorhandener Auslaufmöglichkeiten sogar die Prachtstraßen frequentierte, blieb übrigens bis ins 18. Jahrhundert ein Problem in Berlin, dem mit immer neuen Verordnungen zu Leibe gerückt werden mußte.

Nach den verheerenden Stadtbränden von 1347 und 1380 – und der vermutlich schon aus diesen Erfahrungen erfolgten Trennung von Wohn- und Herdraum – entstanden in der Folgezeit auf den Höfen freistehende Küchenhäuser. Ob zu dieser Zeit bereits auch das Wohnen auf dem Hofe praktiziert wurde, kann nicht belegt, aber auch nicht ausgeschlossen werden. Gleiches gilt für Anlagen, die allein für gewerbliche Zwecke, Zunft-, Pack- oder Handelshöfe, bestimmt gewesen sein mochten.

Von den in der Mehrzahl bescheidenen Wohnhäusern der mittelalterlichen Ackerbürgerstadt Berlin-Cölln, die nicht als Trauf, sondern als Giebelhäuser in Fachwerkbauweise mit Lehmwänden, Binsen- oder Schindeldach errichtet worden und durch schmale Gänge (Gaten) voneinander getrennt waren, hat keines die Zeitläufte überdauert.

Blick über die Spandauer Vorstadt von Norden

Die ältesten heute in Berlin erhaltenen Hofanlagen datieren aus dem 18. Jahrhundert. Sie befinden sich fast ausnahmslos in dem ab 1691 vor dem Spandauer Stadttor (Hackescher Markt) angelegten und heute zum Stadtbezirk Mitte gehörenden Viertel der Spandauer Vorstadt. Nach der Friedrich- und Dorotheenstadt bezeichnet es die dritte Stadterweiterung, die unter Kurfürst Friedrich III. (seit 1701 König Friedrich I.) vorgenommen wurde. Das Gebiet mit seinem 1716 abgesteckten Straßennetz zwischen der Torstraße im Norden, der Spree und dem Stadtbahnviadukt im Süden sowie der Karl-Liebknecht-Straße im Osten und der Friedrichstraße im Westen

hat sich in weiten Teilen die historische Struktur bewahrt und ist deshalb 1990 als Flächendenkmal ausgewiesen worden.

„Berlin hatte den 1. Jänner 1778 zusammen 9695 Häuser ohne die Kirchen, das königliche Schloß und alle öffentlichen Gebäude,

nämlich 6223 Vorderhäuser, 3225 Hinterhäuser und 257 Häuser außerhalb den Mauern und Palisaden, das Vogtland mit eingeschlossen. Die Hinterhäuser sind seit 1778 nicht gezählt

worden, es sind aber gewiß seitdem 100 und mehr gebauet worden. Zu Ende 1785 beliefen sich die Vorderhäuser oder eigentlichen Häuser auf 6644. Es war also 1778 bis 1785 in acht Jahren

die Anzahl der Häuser mit 421 vermehrt worden" [4], bilanziert Friedrich Nicolai in seiner „Beschreibung der königlichen Residenzstadt Berlin" aus dem Jahre 1786. Obwohl dem

begeisterungsfähigen Aufklärer ein leichter Rechenfehler unterlaufen ist, wird dennoch die immer intensivere Nutzung der Grundstücke seit dem 18. Jahrhundert deutlich.

Schauen wir zunächst in einen nicht mehr vorhandenen, aber aus den Akten der Feuersozietät rekonstruierbaren Hof hinein! Es ist die

Münzstraße Nr. 1 (heute: Nr. 21-23). Am 3. Februar 1781 wird der Hausbesitz erstmals in den Versicherungsunterlagen erwähnt. Eine neuerliche Wertermittlung erfolgt 1818, nachdem

einige Umbauten vorgenommen worden waren. Dem schon aus dem 18. Jahrhundert stammenden, dreigeschossigen Vorderhaus (Wert: 8.415 Taler) schließt sich rechterhand im Hof ein

Seitenflügel von zwei Geschossen an, dessen Wert mit 2.596 Talern angegeben wird und der an dieser Stelle ein älteres Gebäudeteil ersetzte, das lediglich 952 Taler wert gewesen war.

Den hinteren Teil des Hofes begrenzt ein ebenfalls zweigeschossiges Quergebäude (Wert: 2.224 Taler). An der linken Seite ist der Hof zum Nachbaranwesen offen und wird durch einen

Zaun gesichert.

Durch die Tordurchfahrt des Quergebäudes geht es in den zweiten Hof, den eigentlichen Hinterhof, an dessen rechter Seite sich ein einge-

schossiges Gebäude (Wert: 794 Taler) befindet, worin der Pferdestall untergebracht ist. Ein Estaquet (Lattenzaun) schlägt in der Versicherungssumme mit 34 Talern zu Buche, der Grenzzaun mit 58 Talern und der Brunnen mit 25 Talern. Denken wir uns außerdem einen kleinen Garten dazu, der um diese Zeit noch für die Selbstversorgung wichtig ist, die Dunggrube mit dem Abtritt sowie die Kopfsteinpflasterung zumindest für den 1. Hof, so erhalten wir eine überaus typische Ausstattung eines Grundstückes aus dieser Zeit. Mit seinen freien Flächen, an der linken Flanke des Flurstückes und im Hintergrund des 2. Hofes, bietet es außerdem noch genügend Platz für die ab Mitte des 19. Jahrhunderts immer stärker einsetzende bauliche Verdichtung.

Stellen wir uns darüber hinaus drei oder vier Mietparteien in den Gebäuden vor. Zum Gespräch über die das Zusammenleben betreffenden Dinge, zum Plausch über das Wetter, den Alltag, die Familie bieten sich Dutzende von Gelegenheiten. Man trifft sich beim Leeren des Nachtgeschirrs und beim Wasserholen, wechselt ein paar Worte über den Zaun, sitzt an den Sommerabenden am Fenster oder auf den Treppenstufen im Hof. Die Kinder, die wieder einmal lärmen, werden gemeinsam ermahnt. Aus den Fenstern des Vorderhauses dringt Gesang. Ein Besucher ist dort, um vorzusingen. In solchem Falle zeigt sich der Hauswirt, der nicht nur Maurermeister ist, sondern auch die weithin bekannte Berliner Singakademie leitet, besonders ungehalten über das Geschrei im Hof. Besser die Kinder ins Bett geschickt, als den Herrn Professor mit wutverzerrtem Gesicht am Fenster erscheinen zu sehen. Wir befinden uns auf dem Zelterschen Grundstück.

Im Vergleich zu dem im 18. Jahrhundert ebenfalls in der Münzstraße befindlichen Palast des Staatsministers Freiherrn von Zedlitz, der über „einen Vorhof mit zwei Flügeln und einen großen Garten" [5] verfügt, wie wiederum Friedrich Nicolai zu berichten weiß, ist der skizzierte Hausbesitz allerdings eher bürgerlich einfach zu nennen. Im Jahre 1819, inzwischen als Chorleiter, Komponist und Lehrer über die Grenzen Berlins hinaus bekannt, wohnt Carl Friedrich Zelter nicht mehr in seinem Geburtshaus, sondern bereits an repräsentativerer Stelle, in der Friedrichstraße Nr. 129.

Bis in die zwanziger des 19. Jahrhundert veränderte sich das Bild des Wohn- und Handwerkerhofes kaum. Die Umbauten zielten auf die Verbesserung der Wohnqualität, die Erweiterung von Räumlichkeiten, die günstigere Ausnutzung der eigenen Werkstatt oder dort, wo auf den Grundstücken

Hof Ackerstraße Nr. 9, 1994

noch Ackerbauern tätig waren, auf die vielfältigen Erfordernisse des landwirtschaftlichen Betriebes. Eine dieser Hofanlagen, die noch weitgehend dem Typus des frühen 19. Jahrhunderts entspricht, findet sich in der Ackerstraße Nr. 9. Seit dem 25. September 1815 in den Versicherungsakten geführt, war das Grundstück allerdings schon mehr als sechzig Jahre zuvor bebaut worden.

Es gehörte zu der Kolonistensiedlung „Neu-Voigtland", die König Friedrich II. ab 1752 vor dem Hamburger und dem Rosenthaler Tor, das am heutigen Rosenthaler Platz stand, hatte anlegen lassen. Mit der Erschließung des Geländes war von ihm der Stadtkommandant v. Hacke betraut worden, der 1750 bereits den Abbruch der Festungsanlagen im Bereich des heutigen Alexanderplatzes und Hackeschen Marktes geleitet hatte. Mit dem Bau der neuen Vorstadt wollte der König zwei Probleme zugleich lösen: einerseits der Bodenerosion Einhalt gebieten, die durch das Abholzen der Waldungen vor den Stadttoren bedrohliche Ausmaße angenommen hatte und andererseits die voigtländischen „Gastarbeiter" zum Bleiben veranlassen. Nicht ohne wirtschaftspolitischen Eigennutz, wie der Cabinet-Ordre vom 22. September 1751 zu entnehmen ist:

„Mein lieber General-Lieutenant Graf v. Hacke, auch hochgelahrter Rath, lieber Getreuer. Da Ihr dem Geh. Rat Kircheisen, bey Erstattung Eures Berichtes vom 14. Dieses Mir angezeiget habet, daß unter denen zu Berlin jetzt befindlichen Zimmer- und Maurergesellen sich 247 fremde Zimmer-Gesellen, so aus- und einwandern und bei dem Maurer-Gewercke 294 fremde Gesellen, so aus- und zureisen, befindlich seyn; So will ich zuvörderst von Euch noch wissen, ob gedachte Gesellen nicht von denen sogenannten Voigtländern seynd, welche zu Sommerzeiten kommen, um zu arbeiten, gegen die Winterzeit aber wiederum nach ihrer Heymath reisen, um allda das durch ihre Arbeit verdiente Geld zu verzehren.

Kleine Hamburger Straße,
Standort des 1867 abgebrochenen Hamburger Tores

Dieweil aber hierunter ein dem Lande allerdings schädlicher abus vorgehet, da gedachte Leuthe ein beträchtliches Geldt aus dem Lande ziehen und auswärts verzehren; So habe ich Euch Meine Gedanken deshalb dahin eröffnen wollen, daß Ihr wohl examinieren und überlegen solltet, ob es nicht füglich angehet, daß mann künftiges Jahr darauf arbeiten könne, diese Leuthe dahin zu disponieren, damit sich selbe, so wie Ich hier zu Potsdam bereits einen guten Anfang gemachet habe, im Lande etabliren und vor dem Thore zu Berlin mit Häusern und Gärten angesetzt werden könnten..." [6]

Anlage und Bau der Kolonistensiedlung, die später den offiziellen Namen Rosenthaler Vorstadt erhielt, begannen 1752. Entlang der Westseite der Brunnenstraße, beiderseits der Ackerstraße und entlang der Ostseite der Bergstraße entstanden je 15 Parzellen. In den siebziger Jahren wurde schließlich noch die Ostseite der Gartenstraße mit zehn Gärtnerfamilien besiedelt. Wenige Jahrzehnte nach Errichtung des Quartiers befand sich ein Großteil der Häuser bereits in einem maroden Zustand. Von den ursprünglichen Bewohnern aufgegeben, zogen in die Behausungen die Ärmsten der Stadt. Die Rosenthaler Vorstadt entwickelte sich zu Berlins erstem Armenviertel. Zwischen 1820 und 1824 wurden zusätzlich an der Garten-, Ecke Torstraße, die berüchtigten „Familienhäuser" im Auftrag des Baron von Wülcknitz erbaut. Den fortschrittlichen Kräften vor der achtundvierziger Revolution galten sie zu Recht als das Symbol der preußischen Sozialpolitik.

„Vor dem Hamburger Tore, im sogenannten Vogtland, hat sich eine förmliche Armenkolonie gebildet. Man lauert sonst jeder unschuldigen Verbindung auf. Das aber scheint gleichgültig zu sein, daß die Ärmsten in eine große Gesellschaft zusammengedrängt werden, sich immer mehr abgrenzen gegen die übrige Bevölkerung und zu einem furchtbaren Gegengewichte anwachsen. Am leichtesten übersieht man einen Teil der Armengesellschaft in den sogenannten ‚Familienhäusern'. Sie sind in viele kleine Stuben abgeteilt, von welchem jede einer Familie zum Erwerb, zum Schlafen und Küche dient. In vierhundert Gemächern woh-

*Ehemaliger Standort der „Familienhäuser" an der
Gartenstraße Nr.115, Ecke Torstraße*

nen zweitausendfünfhundert Menschen. Ich besuchte daselbst viele Familien und verschaffte mir Einsicht in ihre

Lebensumstände. In der Kellerstube Nr. 3 traf ich einen Holzhacker mit einem kranken Bein. Als ich eintrat, nahm die Frau

schnell die Erdäpfelhäute vom Tische, und eine sechzehnjährige Tochter zog sich verlegen in einen Winkel des Zimmers

zurück, da mir ihr Vater zu erzählen anfing. Dieser wurde arbeitsunfähig beim Bau der neuen Bauschule. Sein Gesuch um

Unterstützung blieb lange Zeit unberücksichtigt. Erst als er ökonomisch völlig ruiniert war, wurden ihm monatlich fünfzehn

Silbergroschen zuteil. Er mußte sich ins Familienhaus zurückziehen, weil er die Miete für eine Wohnung in der Stadt nicht

mehr bestreiten konnte. Jetzt erhält er von der Armendirektion zwei Taler monatlich. In Zeiten, wo es die unheilbare Krankheit

des Beines gestattet, verdient er einen Taler monatlich; die Frau verdient das Doppelte, die Tochter erübrigt anderthalb Taler.

Die Gesamteinnahme beträgt also sechseinhalb Taler im Monat. Dagegen kostet die Wohnung zwei Taler; eine ‚Mahlzeit

Kartoffeln' einen Silbergroschen neun Pfennig; auf zwei tägliche Mahlzeiten berechnet, beträgt die Ausgabe für das

Hauptnahrungsmittel dreieinhalb Taler im Monat. Es bleibt also noch ein Taler übrig zum Ankaufe des Holzes und alles

dessen, was eine Familie neben rohen Kartoffeln zum Unterhalte bedarf" [7], schrieb der Schweizer Student Heinrich Grunholzer, der im Auftrag von Bettina von Arnim mit

den Bewohnern der „Familienhäuser" gesprochen und für ihre 1843 erschienene Schrift „Dies Buch gehört dem König" Gesprächsprotokolle angefertigt hatte.

Von den Kolonisten- sowie den „Familienhäusern" hat keines die Zeitläufte überdauert. Die Gebäude in der Ackerstraße Nr.

9, die schon zur Zweitbebauung im Viertel gehören, sind heute eine der ältesten erhaltenen Baulichkeiten des Gebietes. Am 10. September 1842 wurde das dreigeschossige

Vordergebäude feuerversichert. Mit seinem Satteldach erinnert es noch an ein Giebelhaus, dessen Grundriß lediglich um 90 Grad gedreht wurde und mit der Traufseite

zur Straße zu stehen kam. Die rechterhand befindliche Durchfahrt führt in den schmalen und langgestreckten Hof hinein. Wegen des nur 10,50 Meter breiten Flurstückes ließen sich lediglich an einer der Hofflanken, und zwar der linken, insgesamt drei Seitenflügel von zwei bzw. drei Geschossen errichten. Den Seitenflügeln schloß sich der massive Kuhstall an. Rechterhand befand sich ein kleinerer Stall aus Holz. Weiterhin wird ein eingeschossiges Gebäude am Garten vermerkt. Im Garten selbst stand das Brunnenhaus mitsamt dem Brunnen. Latten- und Palisadenzäune finden sich auch hier mitversichert.

Der Gesamtwert des Hausbesitzes wird 1842 mit 10.127 Talern und 1876 bereits mit 54.450 Talern angegeben. In vierunddreißig Jahren war das Grundstück mit seinen Bauten, ohne daß größere Veränderungen vorgenommen worden waren, um rund das Fünffache des Wertes gestiegen. Bei den noch zentrumsnäher gelegenen Immobilien konnte die Wertsteigerung innerhalb eines solchen Zeitraumes sogar das Zehn- oder Fünfzehnfache betragen. In der Rosenthaler Vorstadt hatten der 1867 erfolgte Abriß der Zoll- und Akzisemauer, womit das Viertel ins Weichbild der Stadt einbezogen wurde und nicht mehr außerhalb der Tore lag, sowie das Spekulationsfieber der Gründerjahre für die Aufwertung des Hausbesitzes gesorgt.

Hof Ackerstraße Nr. 9 mit Stallgebäuden, 1993

Im wesentlichen sind die Bauten der Ackerstraße Nr. 9, wie sie unter dem Eigentümer Steyer 1842 versichert wurden, bis heute erhalten geblieben. Die Gründe könnten darin zu suchen sein, daß der Hausbesitz im 19. Jahrhundert über mehrere Jahrzehnte im Eigentum einer Familie verblieb, die von der Viktualienhandlung bis zum Fuhrunternehmen stets Firmen betrieb, die ausreichend „Hinterland" für Stallungen und Wagenremisen benötigten. Außerdem setzte die geringe Grundstücksbreite einer dichteren Bebauung von vornherein Grenzen.

Zu DDR-Zeiten wurden das Vorderhaus und die Seitenflügel saniert. In den neunziger Jahren sind zusätzlich die einstigen Stallungen abgebrochen worden. Der vorstädtische, fast ländliche Charakter des Grundstücks und seiner Bauten ist jedoch noch immer zu erkennen. Während in anderen Teilen Berlins um 1840 schon großstädtisch anmutende Bauten entstanden, hielt sich das Ackerbürgerhafte am Rande der Stadt noch bis ins frühe 20. Jahrhundert. Die Fotografien von Albert Schwartz aus der Zeit um die Jahrhundertwende dokumentieren anschaulich das damals überaus heterogene architektonisch-bauliche Erscheinungsbild der zur Metropole aufgestiegenen Residenzstadt.

Altdeutsches Ballhaus, Ackerstraße Nr. 144

Mit der Industrialisierung, die in Berlin seit dem frühen 19. Jahrhundert Einzug gehalten hatte, wurden jedoch die allermeisten Höfe nach und nach umgestaltet. Als 1837 vor dem Oranienburger Tor die Borsigsche Maschinenbaufabrik eröffnet wurde, der bald weitere Fabrikations- und Produktionsstätten dieser Art von Schwartzkopff, Wöhlert und anderen Unternehmern folgten, kamen, auf der Suche nach Arbeit und Anstellung, immer mehr Menschen in die aufstrebende Stadt. Neuer Wohn- und Gewerberaum mußte geschaffen werden.

Clärchens Ballhaus, Auguststraße Nr. 24

Da in dieser Zeit Berlin noch von der erwähnten Stadtmauer eingeschnürt wurde, die Straßengrundstücke aber schon weitgehend bebaut waren, blieb außer der Möglichkeit, das Vorderhaus aufzustocken nur noch die der Ausdehnung in die Tiefe der Parzelle. Außer Wohnhäusern und Fabrikgebäuden entstanden in den folgenden Jahrzehnten auch kommunale, konfessionelle und kulturelle Einrichtungen auf den Höfen: Schulen und Krankenhäuser, Kirchen und Synagogen, Theater und Ballsäle. Selbst das berühmte Deutsche Theater befand sich auf dem Hofe. Erst nach den Zerstörungen der Vorderhäuser im 2. Weltkrieg wurde das straßenseitige Areal als Theatervorplatz umgestaltet.

Vorderhaus Auguststraße Nr. 69

Beispielhaft für die immer stärkere Nutzung des „Hinterlandes" auf den Grundstücken ist die Auguststraße Nr. 69, in dessen Gebäuden heute die 1990/91 von jungen Kunstvermittlern gegründeten Kunst-Werke Berlin mit Ateliers und Ausstellungsräumen untergebracht sind. Von 1995 bis 1999 wurde der Komplex mit öffentlichen und Lottogeldern restauriert. Das insgesamt geräumige Areal, auf dem heute auch die von dem amerikanischen Künstler Dan Graham konzipierte Spiegelskulptur sowie die von Carsten Höller geschaffene gläserne Rutsche zu finden sind, gehört zu den vielbesprochenen Kunst- und Kulturhöfen im Stadtbezirk Mitte.

Das Wohnhaus an der Straße war 1794 im Auftrag des Königlichen Kammerdieners Timm erbaut worden. Wie damals üblich in zwei Geschossen. Im hinteren Teil des Grundstückes mochten sich anfangs die üblichen Nutzbauten, vom Abtritt über den Stall bis zu den Remisen, befunden haben. Schon um 1820 hingegen wurde zu beiden Seiten des Hofes je ein massives zweigeschossiges Wohngebäude errichtet. Der linke Seitenflügel findet sich direkt mit dem Vorderhaus verbunden, der rechte über einen sogenannten Retourflügel. Bis zur Taxa am 29. März 1872 erfolgten, sicherlich nicht immer zur ungetrübten Freude der Mieter, weitere Baumaßnahmen im Hinterland des Flurstückes. Es entstanden:

das Appartmentgebäude im Hofe links,

die Abfallgrube,

das Gebäude im Hofe quer,

das Remisengebäude im Garten links,

das kleine Estaquet daselbst,

die gemauerte Grube,

das Hofpflaster,

der Flügel im Hofe rechts,

das Estaquet vor dem Garten,

die beiden Lauben im Garten.

die Müllgrube,

der Grenzzaun,

das Remisengebäude,

der Grenzzaun im 2ten Hofe links,

Wie auf den meisten Parzellen entstand somit aus der Einhof-
die Zweihofanlage. Als „Appartmentgebäude" wurde vornehmerweise der Abort bezeichnet. Im hintersten
Teil blieb allerdings noch der Garten erhalten, der, mittels zweier Lauben, wohl vorrangig der Erholung bzw.
der Repräsentation diente. Der Wert des Hausbesitzes betrug 1873 rund 213.500 Mark. Fünf Jahre später
nach neuerlichen Umbauten, in denen die Anlage ihre im Kern heutige Gestalt erhielt, war die
Versicherungssumme auf 260.700 Mark gestiegen. Das Quergebäude und der sich ihm anschließende
Flügel dienten als Fabrikgebäude. Seit den dreißiger Jahren war hier eine Zweigstelle der in Lichtenberg
ansässigen Margarinewerke Berolina GmbH untergebracht.

I. Hof Auguststraße Nr. 69, Blick zum Vorderhaus, 1993

*Rechnung der Margarinewerke Berolina GmbH
von 1911*

Häufig wurden im Verlauf des späten 19. Jahrhunderts noch
einmal die niedrigen vorderen Gebäude abgerissen und durch
Vier- oder Fünfgeschosser ersetzt, so daß auf einigen
Grundstücken die Hofbauten heute ältere Bauzustände
dokumentieren als die Häuser an der Straße. Hier blieben die
vorderen Gebäude unangetastet.

I. Hof Auguststraße Nr. 69, Blick zum instandgesetzten Vorderhaus

Mit der weiteren baulichen Verdichtung auf den Höfen im innerstädtischen Bereich ging seit Mitte des 19. Jahrhunderts die
Erschließung von neuem Bauland außerhalb der Stadtmauern einher. Auf dem bisher unbebauten Grund der zur Rosenthaler

1. Hof Auguststraße Nr. 69,
rechter Seitenflügel, 1993

1. Hof Auguststraße Nr. 69,
linker Seitenflügel und Quergebäude, 1993

Vorstadt gehörenden Bergstraße entstanden zwischen 1861 und 1865 gleich mehrere Wohnhäuser samt Hofanlagen. Im Auftrag des Schankwirtes und Tabagisten Lüdicke wurde das Grundstück Bergstraße Nr. 70 (vorherige Numerierungen: 73b, 69) bebaut.

Das viergeschossige und siebenachsige Wohnhaus an der Straße ist mit seiner mittig angelegten Tordurchfahrt, dem Rankenfries am 1. Obergeschoß, den Rosetten unter den Fensterverdachungen oder der Putzquaderung noch deutlich dem Formenkanon des Spätklassizismus verpflichtet. Im Souterrain befinden sich die heute ungenutzten Ladenlokale. Heinrich Zille hatte das Haus mit seinen Firmenschildern und -tafeln kurz nach der Jahrhundertwende fotografiert. Die Schilder sind zwar verschwunden, aber die inzwischen rostigen Wandeisen, an denen sie befestigt waren, lassen sich noch entdecken.

Zu der am 20. November 1875 in den Versicherungsakten aufgeführten Ausstattung des Grundstückes gehörten außer dem Vorderhaus:

das Seitengebäude im Hofe links,

das Quergebäude mit dem Flügel links,

1. Hof Auguststraße Nr. 69, rechter Seitenflügel

1. Hof Auguststraße Nr. 69,
linker Seitenflügel und Quergebäude

das Stall- und Remisengebäude rechts,

das Abtrittgebäude rechts,

der Aschkasten im Hofe,

die Grube daneben, die Gasleitung,

das schmiedeeiserne Gitter, die Wasserleitung,

die Hofunterkellerung zwischen dem Quer- und dem Stallgebäude,

der Brunnen mit eisernem Schwengel.

Vorderhaus Bergstraße Nr. 70

Damit waren auch hier zwei Höfe entstanden, die allerdings mit Stall- und Remisengebäude, Abtritt und Abfallgrube sowie dem offenbar weiterhin genutzten Brunnen noch an die Anlagen des frühen 19. Jahrhunderts erinnerten. Hofunterkellerung, Gas- und Wasserleitung verweisen allerdings schon auf den technischen Fortschritt.

Ein Jahr später, 1876, wurden nach langwierigen Auseinandersetzungen die Hobrechtschen Pläne für die Berliner Kanalisation umgesetzt. Ab Ende der achtziger Jahre verfügte der Großteil der städtischen Grundstücke endlich über eine moderne Abwasserentsorgung. Erst ab diesem Zeitpunkt konnten allmählich die Toiletten von den Höfen in die Häuser verlegt werden. Was aber nicht hieß, daß dies auch in jedem Fall geschah. Als am 2. Oktober 1895 in der Bergstraße Nr. 70 eine erneute Taxa von der Feuersozietät vorgenommen wurde, findet sich das

3. Hof Bergstraße Nr. 70, 1994

Abtrittgebäude unter Position 5 weiterhin mitversichert. Aborte auf dem Hof wurden für Hinterhausbewohner und Firmenmitarbeiter sogar noch in den zwanziger/dreißiger Jahren des 20. Jahrhunderts errichtet.

4. Hof Bergstraße Nr. 70, 1993

Zu den ehemals zehn Versicherungsgegenständen waren nun allerdings weitere neun dazugekommen. Durch die Errichtung zweier neuer Quergebäude und eines neuen Seitenflügels ergab sich die nachhaltigste Veränderung. Und zwar eine Unterteilung des Grundstückes in vier Höfe, wie sie sich bis heute erhalten hat.

Rückfront des Vorderhauses Bergstraße Nr. 70 mit Entresol-Wohnung

Der Wert des Hausbesitzes war innerhalb von zwanzig Jahren von 173.200 Mark auf 348.100 Mark gesteigert worden. Auf Kosten der Mieter, wie sich versteht, die mit immer engeren und immer schlechter belüfteten Höfen vorlieb zu nehmen hatten. In der Bauordnung von 1853 war ein Mindestmaß für Höfe festgeschrieben worden. Es betrug mit Rücksicht auf den Wendekreis der damaligen Feuerspritze ganze 5,34 x 5,34 Meter. Die Bedürfnisse der Bewohner spielten da kaum eine Rolle.

Dementsprechend erhöhte sich die Wohndichte pro Grundstück. Hatten 1815 durchschnittlich nur 30 Menschen auf einer Parzelle gewohnt, so waren es 1860 schon 49. Ab 1871 stieg diese Zahl noch einmal deutlich an. Die allgemeine Wohnungsnot, die wiederum dem Mietwucher Vorschub leistete, ließ den Minderbemittelten, den einfachen Handwerksgesellen oder den Waschfrauen, den Lohnarbeitern oder den Näherinnen, keine Wahl. Vom Keller bis zum Dach wurde beinahe jeder Raum vermietet und auch bezogen. Zu den schlimmsten Behausungen gehörten neben den Kellerwohnungen die

sogenannten Entresol-Wohnungen; sie entstanden durch den Einbau einer Zwischendecke in der

Tordurchfahrt. Fußkalt, oft unbeheizbar und in der Regel so niedrig, daß man in den Räumen nicht aufrecht

stehen konnte, wohnten in ihnen häufig die Portiersfrauen. Auch in der Bergstraße Nr. 70 wuchs durch

solche und andere Unterbringungsmöglichkeiten die Bewohnerschaft.

Seitenflügel in der Bergstraße Nr. 69, 1996

1861, kurz nach Errichtung der Bauten, waren lediglich sieben

Mietparteien aufgeführt worden. Schankwirt Lüdicke wohnte auf dem ihm gehörenden Nachbargrundstück Nr. 69.

Bensdorf, Produktenhandlung   *Dümmel, Photograph*   *Heine, Particulier*

Helbing, Gärtner   *Neukauf, Nachtwächter*   *Winkler, Schneider*

Zacher, Maurermeister.

Maurermeister Zacher gehörte wie sein Vermieter einige Zeit später zu denen, die gleich mehrere Grundstücke in der Straße

(u.a. Nr. 71) kauften und bebauen ließen. Im Jahre 1875 hatte sich die Zahl der Mieter, infolge der Aus- und Umbaumaßnahmen auf der Parzelle Nr. 70 nun schon mehr

als verdoppelt:

Bensdorf, Händlerin   *Ehrhardt, Stellmacher*   *Fengler, Schmied*

Finkelnburg, Schlosser   *Geisler, Stellmacher*   *Heideck, Sattler*

Hölzler, Stellmacher	*Jung, Hebamme*	*Lüdicke, Fabrikant*
Nitzky, Weber	*Sartorius, Drechsler*	*Selge, Sänger*
Tradowski, Schlosser	*Untermann, Secretair*	*Vorweg, Baubeflissener*
Winkel, Fabrikant	*Zastrow, Schneider.*	

1895 ging der Hausbesitz in neue Hände über. Eigentümer wurde der Kaufmann Naue. Er wohnte nicht selbst auf dem Grundstück, sondern in beruhigender Distanz in der Elsasser Straße (heute: Torstraße). In seinem Auftrag entstanden die oben erwähnten vier Höfe. Ein Jahr später verzeichnete das Adreßbuch die rekordverdächtige Zahl von 77 Wohn- und Gewerbemietern auf dem Grundstück!

Dietrich, Frau (Verwaltung)	*Arndt, Postillon*	*Andt, Postschaffner*
Arndt, Witwe	*Aßmann, Tischlermeister*	*Backert, Postschaffner*
Bartusch, Gastwirt	*Beck, Maler*	*Bethke, Kaufmann*
Bierhals, Privater Wächter	*Blaßmann, Pensionär*	*Bley, Näherin*
Böhler, Drehorgelspieler	*Brandenburg, Postillon*	*Buchholz, Magistratsbeamter*
Bullius, Maler	*Christopal, Filzschuhfabrik*	*Debel, Schneiderin*
Dietrich, Maurer	*Franzke, Postschaffner*	*Friedrich, Witwe*
Gaede, Versicherungsagent	*Hadradt, Schlosser*	*Hawatte, Schmied*
Hein, Schuhmacher	*Held, Pensionär*	*Holz, Postschaffner*

Horch, Maschinist

Hübner, Postschaffner

Jahnkow, Schuhmachermeister

Kaufmann, Näherin,

Klembt, Maurer

Koppert, Kutscher

Koschmoda, Handelsfrau

Krüger, Witwe

Langnickel, Brenner

Leck, Instrumentenmacher

Lemke, Postschaffner

v. Lepel, Königliche Sängerin

Mäßig, Witwe

Meyer, Böttcher

Müller, Schutzmann

Ortmann, Postschaffner

Philippi, Postschaffner

Prenzel, Witwe

Raduch, Maurer

Reinhardt, Hausdiener

Robsohn, Zigarrenmacher

Ronge, Witwe

Rosenthal, Schlosser

Salemann, Holzhandlung

Samel, Hausdiener

Schaffarezyk, Schneider

Schmidt, Schaffner

Schmidt, Friseurin

Schmidt, Witwe

Schmidt, Witwe

Schneider, Witwe

Schönfeld, Handelsmann

Schönfeld, Hebamme

Schröder, Gürtler

Schröder, Schuhmacher

Schubert, Schlosser

Schulze, Schneider

Schweiniger, Metallschleifer

Sellge, Sängerin

Sommer, Schuhmacher

Spielberg, Maurer

Stolze, Witwe

Tinetzki, Schlosser

Trinkaus, Schriftsetzer

Trojandt, Schneider

Turpel, Schlächtermeister

Vallentin, Butterhandlung

Vogler, Comptoirdiener

Wirsching, Flaschenbierhandlung

Zickerbein, Postschaffner

Auffällig ist die Reihe der Postbediensteten, die in den Häusern wohnte. Nicht weit von der Bergstraße entfernt war 1881 an der Oranienburger Straße, Ecke Artilleriestraße (heute: Tucholskystraße) das Postfuhramt eröffnet worden. Es läßt sich in wenigen Minuten bequem erreichen. Um sich lange Fußwege oder gar Fahrtkosten zu ersparen, zog man damals noch möglichst nahe an die Arbeitsstelle.

Auch die Arbeiterschaft war zahlenmäßig in der Bergstraße Nr. 70 gewachsen. Obwohl Borsig und andere Industrielle inzwischen begonnen hatten, ihre Werkanlagen an den Stadtrand zu verlegen, verblieben im Einzugsgebiet noch genug Betriebe (u.a. die AEG in der Ackerstraße), die Arbeitsplätze boten. Etliche der Wohnungen dürften darüber hinaus für Heimarbeiten genutzt worden sein, wie einige der Berufe (Näherin, Schneiderin) erahnen lassen. Und hinter dem Schleier der Witwenschaft verbarg sich nicht selten die Prostitution. Zu all diesen im Adreßbuch vermerkten Haupt- und Nebenmietern müssen noch einmal Familienmitglieder, Untermieter und „Schlafleute" hinzugerechnet werden. Die Überbelegung der Komplexe war der eigentliche soziale Skandal.

Ehemaliges Postfuhramt in der Oranienburger Straße Nr. 35-36, 1993

„Um die Miete aufzubringen oder den Familienunterhalt zu sichern, waren viele gezwungen, ‚Untermieter' einzuquartieren. Die 26.000 ‚Chambregarnisten', die 1875 gezählt wurden, wohnten meist in den ‚wohlhabenden' Stadtteilen. Die Arbeiterwohnungen boten nicht Zimmer, sondern nur ‚Schlafstellen', hatten nicht Untermieter, sondern ‚Schlafleute' und das nicht um zu wohnen, sondern nur um eine bestimmte Zeit schlafen zu können. 1875 gab es mindestens 78.698 ‚Schlafleute' beiderlei Geschlechtes. Jeder 12. Einwohner verfügte also über keinen eigenen Wohnraum, und jeder fünfte Haushalt vermietete an ‚Schlafleute'. 1871 betrug deren Anteil an der Gesamtbevölkerung rund 8 Prozent, das waren 21,9 Prozent aller Arbeiter. Die Polizeiverordnung vom 17. Dezember 1880 *legge schließlich fest, daß mindestens 10 Kubikmeter Luftraum für eine erwachsene Person vorhanden sein müsse, für Kinder unter 6 Jahren genüge ein Drittel, für*

Jugendliche zwischen 14 und 16 Jahren zwei Drittel." [8]

Die bauliche Verdichtung der Grundstücke wurde im letzten Drittel des 19. Jahrhunderts, trotz dieser und anderer polizeilicher

Vorschriften, immer weiter vorangetrieben. Dominierte in der Bergstraße Nr. 70 noch der dreiseitig umbaute Hinterhof mit Quergebäuden und einem Seitenflügel, so

entstanden nun auf freien oder freigeräumten Arealen massenhaft vierseitig bebaute Hofanlagen mit fünf- und sechsgeschossigen Häusern, wie sie in den Stadtbezirken

Friedrichshain, Kreuzberg, Neukölln oder Prenzlauer Berg zu finden sind.

Die Planungsgrundlage für diese Massenquartiere hatte Landbaumeister Gustav

Aßmann unfreiwillig mit seinem 1862 erschienen Buch „Grundrisse für städtische Wohngebäude mit Rücksicht auf die für

Berlin geltende Bauordnung" geliefert. Aßmanns sogenannte Mustergrundrisse, ursprünglich nur für Einhofanlagen projektiert,

dienten ab den Gründerjahren, in denen die Bodenpreise noch einmal explodiert waren, zunehmend zur Planung von

Mehrhofanlagen. Der 1. Hof fand sich gewissermaßen als 2., 3. oder 4. Hinterhof in die Tiefe des Grundstückes projiziert.

Gärten, Grünflächen, die Aßmann hatte bewahrt wissen wollen, verschwanden. Übrig blieb das „Gartenhaus", das zwar im

Garten errichtet worden war, ihn aber restlos verdrängt hatte.

1. Hof Torstraße Nr. 173, 1993

Ein Beispiel für die Aßmannschen „Mustergrundrisse" bietet die Torstraße Nr. 173 (vormals: Elsasser Straße Nr. 19). Die Straße

an der nördlichen Peripherie der Stadt existierte bereits um 1730 als Weg vor den Toren, wurde aber erst nach dem Abbruch der Zoll- und Akzisemauer allmählich bebaut.

Das sechsgeschossige und sechsachsige Mietshaus an der Torstraße Nr. 173 war 1882 im Auftrag des Kaufmanns Heidepriem erbaut worden. Da das Adreßbuch im selben Jahr lediglich 8 Mietparteien verzeichnet, die wohl erst einmal nur das Vorderhaus „trocken" wohnten, darf angenommen werden, daß sich die Hofgebäude noch im Bau befanden.

Mit je einem sechsgeschossigen Seitenflügel auf der linken und rechten Seite sowie einem sechsgeschossigen Quergebäude entspricht der Hofkomplex dem von Aßmann entworfenen Grundriß für „*1 Vorderhaus, 2 Seitenflügeln und 1 Quergebäude mit 2 größeren Mittelwohnungen und 2 kleinen Wohnungen in jedem Geschoß*". [9]

Die Wohnungen des Vorderhauses erstrecken sich dabei über den Eckraum, das „Berliner Zimmer", bis in die Seitenflügel hinein. Um die dortigen Räume überhaupt mit einer gewissen Größe versehen zu können, wurden den Baukörpern dreiachsige Mittelteile vorgelagert, die wiederum den Hof verkleinern und die Zimmer im Eckraum verdunkeln. Im hinteren Teil der Seitenflügel sind die Dienstbotenaufgänge untergebracht, die zugleich den Zugang zu den Kleinstwohnungen gewährten.

Mit ihren sechs Geschossen wirkt die Hofanlage trotz eines Maßes von knapp 150 m^2 und den zu DDR-Zeiten weiß gestrichenen Fassaden überaus eng und düster. Die in späterer Zeit durch Beton versiegelte Hofdecke, die kein Grün gedeihen läßt, trägt zusätzlich zu dem tristen Eindruck bei. Hinter dem Quergebäude, das wie das Vorderhaus über eine Tordurchfahrt verfügt, befindet sich ein zweiter kleinerer Hof. Wegen seiner geringen Tiefe ließ er

1. Hof Torstraße Nr. 173 mit Blick zum Berliner Zimmer, 1993

sich allenfalls mit Schuppengebäuden bebauen. Er mag einst, der Vorstellung von Aßmann entsprechend,

als Garten oder Wäscheplatz gedient haben.

Vor dem 1. Weltkrieg, nach neuerlichem Eigentümerwechsel,

waren neben den Wohnmietern und Ladengeschäften im Komplex auch die „Fröbel'sche

Kindergärtnerinnen-Bildungs-Anstalt" sowie eine Poliklinik untergebracht. In den zwanziger Jahren erwarb

das Grundstück der Kaufmann Sally Conitzer, der es 1938 seiner Tochter vererbte. Als Jüdin wurde sie

1941 von der Gestapo zwangsenteignet. Die kriminelle Aneignung jüdischen Grundbesitzes erfolgte nach

1. Hof Torstraße Nr. 175, baugleich mit Nr. 173

dem immer gleichen Muster: erst die Beschlagnahmung durch die Geheime Staatspolizei, dann die „Arisierung" und gleich-

zeitige Bereicherung durch Weiterverkauf oder Versteigerung.

Noch vor der Jahrhundertwende begannen verschiedentliche Versuche, einerseits von der kleinparzelligen Überbauung, ande-

rerseits von der allzu engen Verflechtung von Wohnen und Arbeiten wegzukommen. Auf dem eingangs erwähnten Grundstück

Carl Friedrich Zelters (Münzstraße Nr. 21-23) entstand 1891/92, nachdem zwei Parzellen zusammengefaßt und die alten

Bauten abgerissen worden waren, ein repräsentativer Wohn- und Gewerbekomplex, dessen 1. Hof vorrangig Wohnzwecken und

dessen 2. und 3. Hof vor allem der gewerblichen Nutzung vorbehalten blieb. In Formen der Neorenaissance errichtet und mit

Verblendklinkern ausgestattet, sind selbst die Hoffassaden und die hinteren Hauseingänge mit deutlichem Formbewußtsein

1. Hof Münzstraße Nr. 21-23

gestaltet worden. Für den damals prämiierten Entwurf zeichnete das Architekturbüro Poetsch & Bohnstedt verantwortlich. Der geräumige und begrünte vordere Hof verdeutlicht zusätzlich den damaligen Anspruch, das Wohnen in der

Stadt wieder attraktiv zu machen und den Mittelstand ins alte Berlin zurückzuholen. Baulich befindet sich

das Ensemble derzeit allerdings in einem miserablen Zustand und steht vor dem Beginn von

Restaurierungsmaßnahmen.

Den sozialen Umbrüchen und Verwerfungen am Ende des 19.

2. Hof Münzstraße Nr. 21 - 23

Jahrhunderts Rechnung tragend, wurden – oft in der Nähe der Fernbahnhöfe – zahlreiche Wohnheime für

mittellose Frauen und Männer erbaut. Insbesondere junge Mädchen und Frauen, die auf der Suche nach Arbeit in die Reichshauptstadt kamen, wurden schon auf den

Bahnhöfen von dubiosen Zimmervermittlern angesprochen und landeten gleich am Tag ihrer Ankunft im „Milieu". Um solchen

Schicksalen vorzubeugen, entstand eine Reihe von privaten oder konfessionell gebundenen Initiativen, die für menschenwür-

dige Unterkünfte Sorge zu tragen versuchten. Eine auch noch heute ansehnliche Anlage ließ der „Verein zur Fürsorge für die

weibliche Jugend" nahe des Stettiner Bahnhofes, in der Borsigstraße Nr. 5/ Tieckstraße Nr. 17, errichten.

Hof Tieckstraße Nr. 17.
Postkarte aus dem 1. Weltkrieg

Der insgesamt vier Höfe umschließende Komplex entstand 1890/91 und erhielt den Namen „Marienheim". In den im

Neorenaissancestil erbauten Häusern mit Klinkerfassaden gab es einen Schlafsaal mit 25 Betten, sowie in fünf größeren

und sechsunddreißig kleineren Räumen noch einmal Platz für 85 Betten. Die monatliche Miete betrug, Licht- und

Heizungskosten eingeschlossen, je nach Unterbringung zwischen 5 und 10 Mark. Den alleinstehenden jungen Frauen

standen darüber hinaus Aufenthaltsräume zur Verfügung. Die Küche des Heimes wurde zugleich als Kochschule genutzt.

Hof Tieckstraße Nr. 17, 1995

Als zusätzliche Einnahmequelle für den Verein dienten ein im Vorderhaus der Borsigstraße untergebrachtes Hospiz sowie zwei Ladengeschäfte.

Der Verein stand unter der Schirmherrschaft der Kaiserin und hatte das Grundstück sowie den vierten Teil der Baukosten von der Stadt geschenkt bekommen. Mit Planung und Bauausführung war der Architekt Otto March beauftragt worden. Von ihm, der bereits zahlreiche Wohn- und Geschäftsbauten in Berlin errichtet hatte, konnte Solides erwartet werden. Die Firma seines Vaters in Charlottenburg, die die Zierteile für die Straßenfassade des Hauptgebäudes lieferte, bot zusätzliche Gewähr für das Gelingen. Die großzügig angelegten Höfe boten von Anfang an Platz für eine Begrünung. Im 1. Weltkrieg als Flüchtlingsheim genutzt, sind heute in den Gebäuden Einrichtungen der Evangelischen Kirche Berlin-Brandenburg sowie Wohnungen untergebracht. Otto Marchs Sohn, Werner March, baute in den dreißiger Jahren das Olympiastadion.

Gemessen an den „Wülcknitzschen Familienhäusern", die erst Ende der siebziger Jahre des 19. Jahrhunderts der Spitzhacke weichen mußten, stellte das „Marienheim" einen deutlichen Fortschritt hinsichtlich der Unterbringung mittelloser Menschen dar. Gegen die Ursachen der krassen sozialen Unterschiede vermochten solche mildtätigen Einrichtungen jedoch nur wenig auszurichten.

Mit einer völlig anderen Grundrißlösung, die ohne die nach hinten gestaffelten Höfe auskommt, wartet der Eckkomplex Albrechtstraße Nr. 13-14, Schiffbauerdamm Nr. 8 auf. Die Anlage, die 1904 im Auftrag der Köpjohannschen Stiftung errichtet wurde, verfügt über einen Vorhof, der sich zur Albrechtstraße hin öffnet. Für ausreichende Licht- und Belüftungsverhältnisse zu sorgen, gehörte neben der repräsentativen Gestaltung der Häuser (Fassaden im

Hof Albrechtstraße Nr. 13 - 14,
Schiffbauerdamm Nr. 8

Neorenaissance-, Innenausstattung im Jugendstil) von Anfang an zu den baulichen Vorgaben. In der 1828 mit Königlicher Ordre zum eigenständigen Stadtviertel erklärten Friedrich-Wilhelm-Stadt wohnten neben Medizinern, die vor allem in der Charité tätig waren, viele Regierungs- und Verwaltungsbeamte, die in den Ministerien der nahen Wilhelmstraße arbeiteten. Mit Wohnverhältnissen wie in der kleinbürgerlich-proletarischen Rosenthaler Vorstadt ließ sich hier kein Geschäft machen.

Für den Bau ihrer Wohn- und Geschäftshäuser gewann die Köpjohannsche Stiftung den Architekten Kurt Berndt, der 1891/92 bereits die barocke Sophienkirche umgebaut und sich damit einen Namen gemacht hatte. Er übernahm 1906 eine weitere Herausforderung: die bauliche Realisierung Berlins größter Wohn- und Gewerbehofanlage, der Hackeschen Höfe. Sein „Atelier für Bauausführung" brachte Berndt allerdings in der vornehmeren Gegend, der Friedrich-Wilhelm-Stadt, unter. Die Adresse: Albrechtstraße Nr. 13.

In den Jahren 1998/99 wurde der Komplex an der Albrechtstraße, Ecke Schiffbauerdamm aufwendig rekonstruiert. Im Erdgeschoß befindet sich heute u.a. die „Ständige Vertretung", ein von den Rheinländern Friedel Drautzburg und Harald Grunert gegründetes Lokal, das in der Friedrich-Wilhelm-Stadt eine lange unterbrochene Tradition wiederaufgenommen hat. Schon nach der Reichseinigung von 1871 und dem damit verbundenen Zuzug von Beamten aus den west- und süddeutschen Landen, wurde das Gebiet zwischen Friedrichstraße und Spreebogen im Volksmund „Rheinisches Viertel" genannt.

Die Erfordernisse moderner Produktionsprozesse, aber auch die wachsenden Ansprüche an das Wohnen und die damit verbundene Kritik an den düsteren Mietskasernen mit ihren Hinterhöfen ließen noch vor dem 1. Weltkrieg eine Reihe von großzügig gestalteten reinen Wohn- bzw. reinen

Gewerbehöfen entstehen. Beamtenwohnvereine und genossenschaftlich organisierte Zusammenschlüsse wirkten dabei bahnbrechend.

Torstraße Nr. 85 - 87 und Zehdenicker Straße Nr . 26 - 27, 1993

Als frühestes Beispiel genossenschaftlichen Wohnungsbaus entstanden bereits 1850/51 die Gebäude an der Torstraße Nr. 85-87. Auftraggeberin war die „Berliner Gemeinnützige Baugesellschaft", die von dem Architekten Carl Wilhelm Hoffmann 1847 mitbegründet und in einer von ihm verfaßten Denkschrift theoretisch untermauert worden war. Die Ideen, die Hoffmann hier entwickelte, beruhten auf Vorstellungen des christlichen Sozialreformers Victor Aimé Huber. In den Entwürfen für die Wohngebäude an der Torstraße (damals Wollankstraße Nr. 8-9), die Hoffmann vorlegte, machte sich der sozialreformerische Ansatz im bewußten Verzicht auf Hinterhäuser, Entresol- und Kellerwohnungen bemerkbar. 1887 wurden die an der Torstraße befindlichen viergeschossigen Klinkerbauten um weitere Häuser an der Zehdenicker Straße (Nr. 26-27) erweitert. 1914, in einer dritten Bauetappe, erhielt die begrünte Innenhofanlage zusätzlich an der rechten Seite einen fünfgeschossigen Flügel, der Hoffmanns ursprünglicher Absicht zwar entgegenstehend, der Anlage jedoch immer noch eine gewisse Großzügigkeit beließ.

Zum Typus einer reinen Gewerbehofanlage gehören die Brunnenhöfe in der Brunnenstraße Nr. 181.

Die Anlage wurde 1907/08 errichtet. Eigentümer, Bauherr und Architekt in einer Funktion war Richard Bloos. Später übernahmen zunächst die Adler-Verwertungs-

Torstraße Nr. 85 - 87 und Zehdenicker Straße Nr. 26 - 27

*Blick durch die Höfe der
Brunnenstraße Nr. 181*

Gesellschaft und schließlich der Matratzenfabrikant Hermann Gärtner den Grundbesitz. Im 2. Weltkrieg kaum beschädigt, wurde der Komplex 1953 zum „Eigentum des Volkes" deklariert. Wohl nicht zufällig, denn auch aus der Gärtnerschen Firma hatten sich Arbeiter am Aufstand des 17. Juni 1953 beteiligt. Mit der Enteignung wurde offenbar versucht, dem Einfluß von Partei und Staat umfassend Geltung zu verschaffen. Obwohl der Betrieb bereits zu diesem Zeitpunkt von Partei- und Gewerkschaftsfunktionären kontrolliert worden war, schien den DDR-Verantwortlichen das im Privatbesitz befindliche Unternehmen ein allzu großer Unsicherheitsfaktor zu sein. In einem internen Papier von 1954 heißt es:

„Am 19.1.1951 konstituierte sich die Betriebparteiorganisation. 1. Sekretär war der ehemalige Genosse. Hans I., der inzwischen aus der Partei ausgeschlossen worden ist.

Entwicklung der BPO (Anmerkung des Verf.: Betriebsparteiorganisation) zahlenmäßig:

1951: 21 Gen.,	*1952: 23 Gen.,*	*1953: 30 Gen.,*	*1954: 30 Gen.*

Das Bewußtsein der Genossen war zum Teil schlecht. So mußten im Laufe der Zeit 6 Genossen aus der Partei ausgeschlossen werden. Auf Grund der strukturellen Gliederung des Betriebes war zunächst die organisatorische Erfassung der Genossen erschwert und das gesellschaftliche Bewußtsein mangelhaft. Das Durchschnittsalter betrug 56 Jahre. Heute beträgt es noch 45 Jahre. 1 Genosse feierte 1953 sein 50jähriges Parteijubiläum. Das gesellschaftliche Bewußtsein und die politische Arbeit der BPO haben sich bedeutend gebessert. Die BPO übt die führende Rolle im Betrieb aus. Die wichtigsten Funktionen im Betrieb werden durch klassenbewußte Genossen ausgeübt. Im Jahre 1953 konnten 2 Kandidaten aus der Produktion – und 1954 wollen 2 Produktionsarbeiter unserer Partei beitreten – geworben werden.

Am 17.6.53 haben die Genossen erreicht, daß nur ein kleiner Teil des Betriebes (hauptsächlich Polsterer und Dekorateure)

ihren Arbeitsplatz verließ. Davon kehrte wiederum der größte Teil bereits nach kurzer Zeit an den Arbeitsplatz zurück. Am 18.6.53 arbeitete der Betrieb wieder vollzählig.

Durch die kämpferische Haltung der Genossen konnte der Provokateur G. entlarvt werden." [10]

Der mal beflissene, mal zynische Ton mitsamt der grammatikalischen Verirrung macht noch heute schaudern und läßt nichts

Gutes ahnen für die Menschen, die aus der „Sozialistischen Einheitspartei" ausgeschlossen oder gar als „Provokateur" gebrandmarkt worden waren.

Die Rechtsträgerschaft über die Brunnenstraße Nr. 181

übernahm ab 1953 zuerst die Kommunale Wohnungsverwaltung, ab 1961 der Polstermöbelhersteller VEB

PARAT (später: Betriebsteil IV, PARAT im Möbelkombinat Berlin). Der VEB PARAT war gleichzeitig mit

einer Gesamtfläche von 7800 m2 der größte Nutzer auf dem Grundstück. Kurz nach der Vereinigung der

beiden deutschen Staaten erfolgte am 1. November 1991 die Rückübertragung des Komplexes an die

Gärtner Erben. Bereits 1992 konnte unter Leitung der Architekten Abelmann und Villain mit der Sanierung

begonnen werden.

2. Hof Brunnenstraße Nr. 181, 1994

Die einstige Doppelparzelle (frühere Numerierungen: Nr. 31-32 und Nr. 136-137) gehörte schon zu der 1752 unter König

Friedrich II. angelegten Rosenthaler Vorstadt. Anhand der Akten läßt sich die Bebauung bis 1822 zurückverfolgen. Die Geschichte der Brunnenstraße Nr. 181 steht dabei

noch einmal stellvertretend für die bauliche Entwicklung, wie sie sich seit dem 18. Jahrhundert auf einem Großteil der Berliner Grundstücke vollzog.

Auf den beiden ehemaligen Kolonistengrundstücken betrieb der Eigentümer Johann Christian Mohaupt im frühen 19.

Jahrhundert eine Gastwirtschaft mit Kegelbahn. Ein neuer Besitzer, der Maurermeister König, baute 1837 das Kegelbahngebäude im Hof von Nr. 32 zum Wohnhaus um.

König dürfte unter den Arbeitern der Borsigschen Maschinenbaufabrik, die im gleichen Jahr eröffnete, dankbare Mieter für seine Wohnungen gefunden haben. Das

Vorderhaus von Nr. 31 wurde zusätzlich mit einer Durchfahrt ausgestattet. Damit war der Anfang gemacht für die immer intensivere Nutzung der Parzellen.

Im Jahre 1844 gab es, außer den beiden zweigeschossigen Häusern an der Straße, schon je einen Seitenflügel links und rechts

auf dem Hofgelände. In der Planung befanden sich außerdem zwei weitere Seitenflügel und ein Quergebäude. Als Fachwerkhäuser mit Lehmstakung, die mit ein- bzw.

zweiseitigen Lehmdächern ausgestattet werden sollten, waren die geplanten Neubauten von überaus dürftigem Zuschnitt. Ob sie tatsächlich zur Ausführung kamen, ist aus

den Bauakten nicht ersichtlich.

Nach nochmaligem Besitzerwechsel begann eine zweite Phase reger Bautätigkeit. Schmiedemeister Thias, der die Grundstücke

erworben hatte, ließ 1858 den Pferdestall zur Stellmacherwerkstatt umbauen. Ein neues Abort- und Wagenremisengebäude wurde errichtet und die Schmiede mit einem

Vorbau versehen. 1864 folgte im Garten der Bau eines Dampfkesselhauses, dessen Betrieb nicht ungefährlich gewesen sein dürfte angesichts der räumlichen Nähe zu den

Wohnungen. Brände auf vielen Grundstücken waren denn auch im späten 19. Jahrhundert die logische Folge. 1865/66 wurden schließlich die beiden Gebäude an der

Straße abgebrochen und durch ein elfachsiges, fünfgeschossiges Vorderhaus ersetzt.

1880 waren nach neuerlichen An- und Umbauten ein geschlossener Hof und ein sich in den Garten öffnender Hinterhof

entstanden. Die Grundstücksspekulation bescherte den Mietern in den Folgejahren mehrfache Eigentümerwechsel. 1907 wurde die aus dem 19. Jahrhundert stammende

Bebauung komplett abgeräumt, obwohl das Vorderhaus gerade einmal einundvierzig Jahre gestanden hatte. Nicht nur hier, sondern überall in Berlin hat man sich selten der Herausforderung gestellt, das Alte mit dem Neuen zu verbinden. Die Abrißbirne

war von jeher ein Wahrzeichen der Stadt.

3. Hof Brunnenstraße Nr. 181 mit dem Eingang zur Bibliothek

Der 1908 eröffnete Komplex mit vier hintereinander liegenden

Höfen, drei davon sind als Zwei- bzw. Dreiflügelanlage gestaltet, erinnert in der Baustruktur durchaus an

jene Gebäudeteile der Hackeschen Höfe, die als Fabrikationsstätten genutzt wurden. In den Formen der

frühen Skelett- und Rasterbauweise errichtet, finden sich auch hier die Fassaden mit weißen Glasursteinen

verblendet und durch mehrflügelige Fenster großflächig verglast. Wie in den Hackeschen Höfen waren auch in der Brunnenstraße Nr. 181 die sogenannten

Stockwerksfabriken untergebracht. So wurden Firmen bezeichnet, die eine, allenfalls zwei Etagen, nicht aber das gesamte Areal nutzten. Für das Jahr 1910 vermeldet das

Adreßbuch u.a. folgende Unternehmen: eine Fleischereimaschinenfabrik, eine Kaffeerösterei, einen Herrenartikel- und Schuhwarenbetrieb, eine Gastwirtschaft, ein

Kinematographisches Theater. Eine Wohnnutzung war von Anfang an nicht vorgesehen.

In den Jahren zwischen den zwei Weltkriegen fand ein allmählicher Nutzungswandel statt. Insbesondere Polstermöbelbetriebe

und Firmen der Bekleidungsindustrie siedelten sich an, darunter eine Handschuhfabrik und ein Krawattenhersteller. Im Erdgeschoß des Vorderhauses entstand aus dem

Kinematographischen Theater das Kino „Elite". 1928 bezog die Stadtbezirksbibliothek Mitte Räume im Komplex. Zu DDR-Zeiten in der ersten Etage des Vorderhauses

untergebracht, ist der heute wichtigste Nutzer inzwischen in die Gebäude des dritten Hofes gezogen, wo mehr Platz zur Verfügung steht und gleichzeitig die Miete

günstiger ist.

Das Äußere des Ensembles ist bei der 1996 abgeschlossenen Rekonstruktion und Sanierung im wesentlichen beibehalten worden. Im 2. Hof wurde das Holzspänesilo zum Treppenturm umfunktioniert, und im 3. Hof gewährleistet nun eine Stahl-Glas-Konstuktion den Zugang zur Bibliothek. Das Innere der Gebäude wurde durch effektivere Raumaufteilung, den Einbau neuer Heizungsanlagen und moderner Technik umgestaltet. Insgesamt stellen die Brunnenhöfe ein gelungenes Beispiel dar, wie die soliden Gewerbehofkomplexe aus der Zeit um die Jahrhundertwende weiterhin genutzt und heutigen Ansprüchen angepaßt werden können. Mit der Nähe zum Zentrum und der guten Anbindung an den öffentlichen Nahverkehr verfügen solche historischen Innenstadtbauten über weitere nicht zu unterschätzende Vorzüge.

Oranienburger Straße Nr. 48-49, 1993

Daß die um die Jahrhundertwende entstandenen, noch heute vorbildlich wirkenden Hofanlagen allerdings eher die Ausnahme von der Regel, dem bedrückend dunklen Hinterhof, darstellten, soll an der Stelle noch einmal ausdrücklich erwähnt werden. Als mit der Bauordnung von 1925 der Neubau von Mietskasernen und Hinterhöfen endgültig untersagt wurde, war das Kapitel für einen Großteil der Berliner noch lange nicht beendet. Sie hausten weiterhin in bedrückenden Unterkünften.

In seiner Autobiographie „Damals bei uns daheim" schreibt Hans Fallada über die Gegend hinterm Stettiner Bahnhof (heute: Nordbahnhof), in der George Grosz gewohnt hatte: *„Die letzten Türen waren zugeschlagen, die Pfeife des Zugführers hatte geschrillt, und mit lautem Puffen und Dampfausstoßen hatte die Lokomotive unsern Zug in Gang gebracht. Nun rollte er schon etwas freier, klapperte aber immer noch über Dutzende von Weichen, und ich sah neugierig in all die engen, rauchgeschwärzten Hinterhöfe, die mir bei dieser Ferienfahrt ins Freie besonders abscheulich vorkamen. All die Leute, die in ihnen hausen mußten, schienen mir beklagenswert. Ich begriff fast nicht, daß wir fast ein ganzes Jahr im dritten Stock eines solchen Hauses an der Luitpoldstraße gewohnt hatten."* [11]

Neue Schönhauser Straße Nr. 12

Geschlossen erhaltene, vierseitig bebaute Hofanlage des 18. Jahrhunderts. Nach den von der Denkmalpflege in Auftrag gegebenen dendrochronologischen Untersuchungen am Bauholz konnte die Entstehungszeit des Vorderhauses auf das Jahr 1753 datiert werden. Es gehört damit zur Erstausstattung in der nach dem Abbruch der Memhardtschen Festungsanlagen angelegten Straße. Zwischen 1756 und 1780 wurden die Hofgebäude errichtet. In Berlins erstem Adreßbuch von 1799 wird der Hutlieferant Pascal als Eigentümer genannt. 1870 erfolgte die Erweiterung des Vorderhauses um ein drittes Geschoß. Dabei wurde die Fassade klassizistisch überformt.

links: *Blick zum Vorderhaus nach erfolgter Restaurierung, 1998*

rechts: *Blick zum Quergebäude, 1993*

Neue Schönhauser Straße Nr. 8

Das Vorderhaus, das einzige noch in Berlin erhaltene Gebäude im „Zopfstil", wurde um 1785 vermutlich nach Plänen des Architekten Georg Christian Unger (u.a. Königliche Bibliothek am Opernplatz) erbaut. Die beiden Seitenflügel dürften nur wenig später errichtet worden sein. Das den Hof nach hinten abschließende Quergebäude fehlt heute. 1799 wird der Knopflieferant Mollard als Eigentümer angegeben. Der Komplex wurde vor wenigen Jahren im Auftrag des hier ansässigen Altberliner Verlages restauriert. Aus der Entstehungszeit ist im Vorderhaus die barocke Treppenanlage erhalten geblieben.

oben: *Heutiger Blick zum Vorderhaus*
unten links: *Blick zum Vorderhaus, 1993*
unten rechts: *Blick in den Hof nach Norden*

Große Hamburger Straße Nr. 19a

Während die drei hintereinanderliegenden, kleinen Höfe unterschiedliche Entstehungszeiten (18. und 19. Jahrhundert) dokumentieren, stammt das Vorderhaus, wie dendrochronologische Befunde ergaben, aus dem Jahre 1691. Es ist mit Nr. 17 das älteste erhaltene Gebäude der Spandauer Vorstadt. Das Adreßbuch von 1799 vermerkt als Eigentümer den Brauer Zahl. Im 19. Jahrhundert betrieb Johann Heinrich Wrede eine Branntweinbrennerei auf dem Grundstück. Im 1. Hof befinden sich das einstige Produktionsgebäude mit Kreuzgratgewölbe, die ehemaligen Wagenremisen und der Abtritt.

links: Vorderhaus, 1993
rechts: Blick in den 1. Hof, 1994

links: Hof während der Sanierung 1993

rechts: Blick zum Vorderhaus mit den hofseitigen Galerien

Neue Schönhauser Straße Nr. 15

Das unscheinbare Vorderhaus mit inzwischen völlig
veränderter Fassade entstand 1754 und verfügt an der
Rückfront noch über die in Berlin schon seit dem 16.
Jahrhundert beliebten und heute selten gewordenen
Galerien. Sie gewährten den Zugang zu den Wohnungen in
den Obergeschossen der Seitenflügel. Solche Laubengänge
vermittelten ein südländisches Flair und ersparten den
aufwendigen Bau von Treppen in den Hofgebäuden. Die
nachträgliche Anlage von Treppen in den hinteren Häusern,
die später aus feuerpolizeilichen Gründen erfolgte, machte
die Galerien überflüssig. Noch 1842 gab es auf dem
Grundstück einen Garten. Er ging mit der Errichtung
weiterer Seitenflügel verloren.

links: Chausseestraße Nr. 123, 1993 – inzwischen abgerissen

rechts: Hof Oranienburger Straße Nr. 23 mit hölzernen,

          verglasten Galerien

Neue Promenade Nr. 5

Vorderhaus und Seitenflügel gehören im Kern zur Erstbebauung der Straße, die wie die Neue Schönhauser Straße im Zusammenhang mit der Anlage des Hackeschen Marktes entstand. In den sechziger Jahren des 19. Jahrhunderts wurden die Gebäude aufgestockt und das Vorderhaus mit einem Treppenturm versehen. Bei der Sanierung/Restaurierung in den vergangenen Jahren mußte allerdings der rechte, völlig marode Seitenflügel abgetragen und neu erbaut werden. Das ehemalige Fabrikgebäude, das die kleine Einhofanlage im hinteren Teil begrenzt, entstammt dem späten 19. Jahrhundert und beherbergte die ophtalmologische Firma von Reinhold Wurach. Von 1796 bis zu seinem Tode 1798 hatte der Aufklärer und pensionierte Direktor des Nationaltheaters Carl Wilhelm Ramler im Vorderhaus gewohnt. Heute gehören u.a. die Kursbuchredaktion des Rowohlt-Verlages und das Restaurant „Aschinger" zu den Nutzern der Gebäude.

rechts: Blick zum Vorderhaus, 1995
unten: Blick zum Fabrikgebäude, 1995

links: Blick zum ehemaligen Fabrikgebäude

rechts: Blick zum instandgesetzten Vorderhaus

Gipsstraße Nr. 11

Das 1792 errichtete zweigeschossige Vorderhaus stammt
aus der ersten Bebauungsphase der Straße, in der im 18.
Jahrhundert Gips verarbeitet wurde. Eigentümer des
Anwesens war 1799 der Bildhauer und Akademieprofessor
Bettkober. 1840, nach inzwischen erfolgtem Besitzerwechsel,
wurde das Haus baulich verändert. Die Hofgebäude, rechter
und linker Seitenflügel sowie das Quergebäude, entstanden
ab den sechziger Jahren des 19. Jahrhunderts. Auf dem
Grundstück hatten Berlins älteste koschere Fleischerei und
die Privatsynagoge Mogen David ihren Sitz. Die Gebäude
blieben im 2. Weltkrieg unversehrt. Das Wohnhaus an der
Straße verfiel in vierzig Jahren DDR zur Ruine und mußte
Ende der neunziger Jahre mit großem Aufwand
rekonstruiert werden. Die Speisewirtschaft „Gipsdiele"
erinnert mit ihrem Namen an eine der zahllosen Kneipen
des Spandauer Viertels, die Joseph Roth in seinen
Reportagen „Nächte in Kaschemmen" festgehalten hat.

oben: *Blick vom Hof zum Vorderhaus, 1994*
unten: *Blick vom Hof zum Vorderhaus*

Auguststraße Nr. 23

Die frühere Armesündergasse (so genannt wegen des hier befindlichen Stadtgalgens) bestand als Weg bereits seit Anfang des 18. Jahrhunderts, wurde aber erst ab 1716, nachdem das Gassennetz in der Spandauer Vorstadt abgesteckt und der Galgen verlegt worden war, nach und nach bebaut. Der Hausbesitz von Nr. 23 wird ab dem 4. April 1832 in den Feuersozietätsakten geführt. Ersteigentümer war der Schlossermeister Lochmüller. Der historische Wohn- und Handwerkerhof mit Seitenflügeln und Quergebäude ist samt dem Gartengelände weitgehend erhalten geblieben. Es fehlt der Teil des rechten Seitenflügels, der das Vorderhaus mit den hinteren Gebäuden verband. Die Obergeschosse des Quergebäudes sind mit Galerien ausgestattet. Nach der Verlegung der Toiletten vom Hof ins Vorderhaus, befanden sich noch bis vor wenigen Jahren „Schrankklos" auf den Treppenabsätzen.

links: *Die Hofgebäude mit neuem Verputz*
rechts: *Blick zum Quergebäude, 1993*
unten: *Hof, 1993*

Oranienburger Straße Nr. 5

oben: *Blick in den 2. Hof, 1993*
rechts: *1. Hof, 1997*

Der Stadtverordnete und Eigentümer Anger ließ 1828 das aus dem 18. Jahrhundert stammende Wohnhaus an der einst nach Spandau führenden Landstraße abreißen und durch das heutige Vordergebäude ersetzen. Im Laufe der Zeit wurde der Wohn- und Gewerbekomplex mit drei hintereinander liegenden Höfen ausgestattet. Im dritten Hof entstand, den Garten verdrängend, das gründerzeitliche Fabrikgebäude. Insbesondere der enge, vierseitig umbaute 1. Hof erinnerte bis zur Sanierung noch an Baulichkeiten, wie sie in Berlin am „Krögel" zu finden gewesen waren. Im Hause befand sich im 19. Jahrhundert die „Konditorei Bolzani". Theodor Fontane verewigte sie in seinem Roman „Stine". Seit 1998 werden die Gebäude zusammen mit Nr. 4 im Auftrag der Investoren Heymann & Kreuels aufwendig rekonstruiert.

links: 3. Hof mit ehemaligem Fabrikgebäude

rechts: 3. Hof, 1997

**Oranienburger Straße Nr. 18,
ehemalige „Ressource zur Unterhaltung"**

Der 1784 gegründete Verein „Ressource zur Unterhaltung",
der dem Berliner Bürgertum eine Stätte des geselligen
Beisammenseins außerhalb des Königlichen Hofes bieten
wollte, gab den Bau des Hauses 1840 in Auftrag.
Vereinsmitglied und Militärbaumeister Louis Drewitz
übernahm die Planungen. Neben dem Vorderhaus, dessen
Fassadengliederung nur noch an der Hofseite erhalten
geblieben ist, entstand im hinteren Teil des Grundstückes
zusätzlich ein Gartengebäude. Es hat, anders als das
parkartige Gelände, die Zeitläufte jedoch nicht überdauert.
Am 10. Mai 1933 formierte sich vor dem Haus, das
inzwischen im Besitz des Studentenwerks war, der
unsägliche Zug von NS-Studenten und SA-Leuten, die zum
Opernplatz marschierten, um die Bücher der fortschrittlichen
Schriftsteller zu verbrennen. Nach dem 2. Weltkrieg zogen
Einrichtungen der Humboldt-Universität in das Gebäude ein.

rechts: Rückfront des Vorderhaus

Marienstraße Nr. 14

Das 1827 errichtete Wohnhaus an der Straße gehört zu dem Bestand klassizistischer Bauten aus der Entstehungszeit der Friedrich-Wilhelm-Stadt. Bauherr und Eigentümer war der Bronzefabrikant Mencke. An der Rückfront des Vorderhauses schließen sich links ein einachsiger, eingeschossiger Zwischenbau sowie die ehemalige Hoftoilette und der Stall an. An der rechten Seite des Hofes wurde am Ende des 19. Jahrhunderts ein langgestreckter, fünfeinhalbgeschossiger Seitenflügel zu Wohnzwecken erbaut. Schon zu DDR-Zeiten hatten sich die Bewohner im Hof einen Garten angelegt und liebevoll gepflegt, der in den neunziger Jahren mit dem Berliner Umweltpreis bedacht wurde. Der Komplex wird zur Zeit saniert. Garten und Laube mußten der Baustelleneinrichtung weichen.

oben: *Hof, 1998*

links: *Blick zum Vorderhaus mit ehemaliger Hoftoilette nach der*
           Restaurierung

unten: *Blick vom Garten zum Vorderhaus, 1998*

Oranienburger Straße Nr. 27, Kunsthof

Geschlossen erhaltenes Bauensemble, das von 1840 bis
1866 im Formenkanon des Klassizismus und der
Neorenaissance erbaut wurde und zusammen mit der
benachbarten Neuen Synagoge (1859-1866) die
nachschinkelsche Bauepoche dokumentiert. Noch bis zum
Ende der DDR als Wohn- und Handwerkerhof genutzt,
gründete sich 1991 hier die Kunsthof GmbH, die inzwischen
auch Eigentümerin des Hausbesitzes ist. In ihrem Auftrag
wurde die für Berlin einzigartige Anlage nach Plänen des
Architekturbüros civitas 1997/98 detailgetreu rekonstruiert.
Im Komplex sind sieben Atelierwohnungen und fünf
Kunstgalerien, das von Künstlern des Hofes gegründete und
ausgestattete Silberstein Café, eine Buchhandlung, eine
Ledermanufaktur, eine Hut- und eine Modemacherin, eine
Pantomimeschule, sowie eine Stadtführungsagentur unterge-
bracht. Zu den innenarchitektonischen Kleinodien gehören
die gußeiserne Spindeltreppe im zweiten Seitenflügel an der
rechten Seite des Hofes und vor allem die 1855 für die
Bankiersfamilie Goldberger repräsentativ ausgestattete
Wohnung im ersten Obergschoß des Vorderhauses mit
wertvollen Intarsienfußböden sowie vergoldeten Stuck- und
Türornamenten. In den Räumen befindet sich heute das
Restaurant „Adermann"

(siehe auch: Der Berliner Kunsthof, Kai Homilius Verlag 1998).

oben links: Blick zur Neuen Synagoge, 1997
oben rechts: Wohnraum mit Alkoven im Belvedere, 1996
unten: Blick zum Vorderhaus, 1996

oben links: *Blick in den Hof nach Norden, 1996*

oben rechts: *Blick in den abendlichen Hof*

unten: *Spindeltreppe im Seitenflügel, 1997*

rechts: Restaurant Adermann

oben links: Firmeninschrift, 1996

unten links: Quergebäude mit Belvedere

Gipsstraße Nr. 4

Beispiel eines Hofes in den Maßen von knapp 6 x 7 Metern, wie ihn die Bauordnung von 1853 gestattete. Das Vorderhaus mit historisierendem Fassadenschmuck und den sich anschließenden dreiachsigen Flügel an der rechten und linken Seite entstanden 1867. Bauherr war der Holzhändler Steffens. 1873 sind in den Gebäuden des winzigen Grundstückes 12 Wohn- bzw. Gewerbemieter gemeldet. Zu DDR-Zeiten in Hinblick auf die 750-Jahr-Feier Berlins hergerichtet, erfolgte von 1997 bis 1999 eine nochmalige Sanierung und Restaurierung unter den Eigentümern Getraude und Gunter Meisel. Dabei wurde auch die ursprüngliche Dachform des Wohnhauses an der Straße wiederhergestellt. Im Erdgeschoß des Vorderhaus haben die Editionsgalerie „Stella" und die Galerie Blickensdorff ihr Domizil. Letztere wurde u.a. mit dem spektakulären „Kuhuunst-Projekt", den lebensgroßen Kuhskulpturen von Sergej Alexander Dott an der Giebelwand eines Hauses in der Kollwitzstraße, über Berlin hinaus bekannt.

oben: *Blick vom vierten Geschoß in den sanierten Hof*
unten links: *Hof Koppenplatz Nr. 10, 1993*
unten rechts: *Hof, 1995*

Mulackstraße Nr. 22

Das im spätklassizistischen Stil ausgestattete viergeschossige Wohnhaus mit Ladenlokalen im Souterrain entstand zusammen mit den Seitenflügeln 1862. Bauherr war der Kaufmann Doerfel. Um eine vierseitige Hofbebauung zu ermöglichen und dennoch nicht das in der Bauordnung von 1853 festgelegte Mindestmaß von 5,34 x 5,34 Metern zu unterschreiten, erfolgte eine Zusammenlegung mit dem Grundstück Steinstraße Nr. 21. Im Erdgeschoß des rechten Seitenflügels befand sich unter den Wohnetagen der Pferdestall, im Seitenflügel links die Wagenremise. Der vorstädtisch anmutende Charakter der Anlage ist noch deutlich zu erkennen. Im Eckraum des Wohngebäudes an der Steinstraße war eine der berüchtigten, düsteren Kellerwohnungen untergebracht. Die Gebäudeteile an der Mulackstraße sind derzeit aufgelassen.

oben: Hoffassaden, 1995
unten links: Hof, 1993
unten rechts: Hof mit ehemaligen Stallungen in der
*   Elisabethkirchstraße Nr. 12, 1998*

Neue Promenade Nr. 3

Der 1873 erbaute Eckkomplex am Hackeschen Markt umschließt mit den Gebäuden der Großen Präsidentenstraße Nr. 10 einen gemeinsamen, relativ kleinen Hof. Bauherren waren die Kaufleute Hermes & Hey, die ihren Firmensitz in der Oranienburger Straße Nr. 27 hatten. Die Anlage entspricht mit ihren in den Seitenflügeln untergebrachten Dienstbotenaufgängen weitgehend den 1862 veröffentlichten „Mustergrundrissen" von Gustav Aßmann. Auf die Unterbringung von Kleinstwohnungen wurde hier allerdings verzichtet. Die ursprüngliche Gestaltung der Fassaden ist nach der zu DDR-Zeiten erfolgten Beseitigung der Kriegsschäden nicht mehr zu erkennen. Im Vordergebäude blieben der Treppenaufgang in Formen der Neorenaissance und der ehemalige Hausbrunnen erhalten. Die Sanierungsarbeiten haben inzwischen begonnen.

oben: *Hofsilhouette, 1994*

unten links: *Blick in den Hof, 1994*

unten rechts: *Rückfront des Vorderhauses Große Präsidentenstraße*
            Nr. 10, in dem 1888 der japanische Schriftsteller Mori
            Ogai als Untermieter wohnte, 1993

Sophienstraße Nr. 21-22/
Gipsstraße Nr. 12, Sophie-Gips-Höfe

Die Königin Sophie Luise (dritte Gemahlin König Friedrich I.) ist sowohl Namensgeberin der Pfarrkirche als auch der Straße. In dem gründerzeitlichen Wohn- und Gewerbekomplex mit insgesamt vier Höfen war Ende des 19. Jahrhunderts u.a. die Nähmaschinenfabrik des Hauseigentümers Mehlich tätig. 1916/17 erfolgten erste Modernisierungen an den Gebäuden. Bis zum Ende der DDR dienten die Fabriketagen als Produktionsstätte für medizintechnische Geräte. 1995 wurde das Anwesen von den Kunstsammlern Erika und Rolf Hoffmann erworben und in deren Auftrag saniert. In den neugestalteten Dachgeschossen der einstigen Fabrikgebäude befindet sich die Sammlung Hoffmann. In den Höfen sind außerdem Büros, Kunstgalerien, Jazz Radio Berlin und das Café „Barcomi's" untergebracht. An der Gipsstraße entstand auf dem seit Kriegsende unbebauten Grundstück nach Plänen des Architekturbüros Gewers, Kühn & Kühn ein neues Wohnhaus. Mit Kunstinstallationen wurde die ehemals verschlossene Fabrikhofanlage zusätzlich zum Straßenraum hin geöffnet.

oben links: *Ehemaliges Fabrikgebäude. im Hintergrund der*
                Sophienkirchturm, 1993
oben rechts: *4. Hof*
unten: *3. Hof mit Garten*

Neue Schönhauser Straße Nr. 10/
Rosenthaler Straße Nr. 46-47

Die Gebäude des Eckgrundstückes an der ehemals zum
Rosenthaler Tor führenden Straße waren 1886/87 im Auftrag
des Apothekers Johann Margraff errichtet und unter dem
nachfolgenden Eigentümer Dr. Wartenberg 1929 umgebaut
worden. Aus dieser Zeit stammt die Fassadengestaltung im
Stil der Moderne (Reihung der Fenster zu Fensterbändern;
Betonung der Horizontalen durch farblich voneinander
abgesetzten Verputz). Die Anlage verfügte bis vor einigen
Jahren noch über zwei Höfe. Im Quergebäude, das aus den
sechziger Jahren des 19. Jahrhunderts stammte, befand sich
anfangs die Mineralwasserproduktion der Apotheke und
später eine Buchbinderei. Nach starker Beschädigung durch
einen Brand wurden sowohl der linke Seitenflügel als auch
das Quergebäude, das einen Teil der Vorbebauung
dokumentiert hatte, im Zusammenhang mit der 1995/96
durchgeführten Instandsetzung des Ensembles abgerissen
und das Hofareal neu gegliedert. Bei der denkmalgerechten
Wiederherstellung der Vorderhäuser sind Teile der
ursprünglichen Straßenfassade freigelegt und in die
Zwanziger-Jahre-Gestaltung einbezogen worden. Der
Eckraum des Erdgeschosses wird von der Berolina-Apotheke
genutzt. In der Offizin der vormals Rothen Apotheke blieb
die Originalausstattung von 1887 erhalten. Eine Rothe
Apotheke, so genannt wegen ihrer roten Fensterläden, hatte
es bereits 1758 an dieser Stelle gegeben.

oben: Quergebäude, 1993
unten: 1. Hof, 1993

links: *Firmeninschrift, 1993*

rechts: *Instandgesetzte Hoffassaden*

oben: *Blick in den hinteren Teil des Grundstückes*

unten: *Offizin der Berolina-Apotheke, Deckengemälde*

Oranienburger Straße Nr. 32, Heckmann Höfe

Anlage mit drei Höfen, die sich von der Oranienburger Straße bis zu den Eckgrundstücken Auguststraße Nr. 9/Tucholskystraße Nr. 34 erstreckt. Ältestes Gebäude ist der für die Holzhandlung Koehne 1858 errichtete Pferdestall im 2. Hof. Von 1872 stammt das Vorderhaus an der August-, Ecke Tucholskystraße. 1887 wurden das an der Oranienburger Straße gelegene Wohn- und Geschäftshaus sowie die Gebäude des 1. Hofes errichtet, die dem Aßmannschen „Mustergrundriß" für „1 Vorderhaus, 2 Seitenflügeln und 1 Quergebäude mit 2 größeren Mittelwohnungen und 2 kleinen Wohnungen in jedem Geschoß" entsprechen. 1905 erwarb der Industrielle Friedrich Wilhelm Heckmann den Hausbesitz. Das zu DDR-Zeiten baulich vernachläßigte Ensemble wurde im Auftrag der Heckmann Erben von 1997 bis 2000 umfassend saniert bzw. restauriert und mit einer Mischung aus Wohnen, Kunst, Kommerz und Handwerk wiederbelebt *(siehe auch: Die Heckmann Höfe, Kai Homilius Verlag 2000).*

links: *Blick in den 2. Hof, 1994*

rechts: *Souterrain des Quergebäudes im 3. Hof, 1993*

links: Blick in den 2. Hof nach Süden

rechts: Brandmauer im 3. Hof, 1994

Chausseestraße Nr. 105, ehemaliges Volkskaffeehaus

Nach Fertigstellung des Volkskaffeehauses in der Neuen
Schönhauser Straße Nr. 13 (1891) wurde Architekt Alfred
Messel von der Volksspeisehallen AG beauftragt, einen wei-
teren Gebäudekomplex gleicher Zweckbestimmung an der
Chausseestraße zu errichten. Das Vorderhaus mitsamt lin-
kem und rechtem Seitenflügel sowie dem Quergebäude ent-
stand 1892. Messel stattete wiederum die Häuser im Stil der
deutschen Renaissance aus, gestaltete aber das Hofgelände
deutlich großzügiger als in der Neuen Schönhauser Straße.
Das Lokal, in dem Minderbemittelte preiswert speisen und
Kaffee trinken konnten, befand sich auch hier im
Erdgeschoß des Vorderhauses und war ebenfalls nach
Männer- und Frauenraum getrennt. In dem inzwischen restaurierten Bauensemble sind Arztpraxen, Büros und
Wohnungen untergebracht.

oben links: *Blick zum Quergebäude*

oben rechts: *Hof Neue Schönhauser Straße Nr. 13, 1993*

unten: *Firmeninschrift am Quergebäude, 1993*

Bergstraße Nr. 22

Hof der ehemaligen Josty-Brauerei, die um 1895 auf das Grundstück zog und sich neben Pferdeställen und Wagenremisen ein Produktionsgebäude im Stil der Neogotik, der „deutschen Antike", erbauen ließ. Das sakral anmutende Bauwerk mit dem Zecher statt der Heiligenfigur über dem Eingangsbereich wurde in der Nachbarschaft liebevoll-spöttisch der „Bierdom" genannt. In der Nachfolge von Josty etablierte sich hier die Bergbrauerei, die im Vorderhaus auch einen Ausschank betrieb. In den dreißiger Jahren erfolgte ein Nutzungswandel auf dem Hof durch zwei Wurstfabriken, eine Wagenbaufirma und eine Möbelbezieherei. Nach Teilzerstörungen im 2. Weltkrieg konnte das Fabrikgebäude nur noch in den unteren Geschossen gewerblich genutzt werden. Es verfiel zu DDR-Zeiten immer mehr. Zusammen mit dem Vorderhaus und den Seitenflügeln inzwischen aufwendig instandgesetzt bzw. restauriert, beherbergt es ein Architekturbüro und das Restaurant Maxwell. Dienstleistungsbetriebe und Galerien befinden sich außerdem im Komplex.

links: *Hof nach der Rekonstruktion*

oben rechts: *Blick zum ehemaligen Brauereigebäude, 1993*

unten rechts: *Firmeninschrift, 1994*

Sophienstraße Nr. 22-22a

Eine Bebauung auf den ehemals separaten Grundstücken
läßt sich ab 1752 nachweisen. Die heutige, über zwei Höfe
verfügende Anlage wurde 1899 von Gebert & Söhne errichtet und gehört zu den noch immer vorbildlich wirkenden
Bauensembles. Während das Vorderhaus mit einer
Putzfassade in Formen der Neogotik und der Neorenaissance ausgestattet wurde, erhielten die Hofgebäude gestreif-
te Klinkerverblendungen. Der insgesamt repräsentative
Charakter der Wohn- und Gewerbebauten wird durch den
großzügig dimensionierten und begrünten 1. Hof zusätzlich
unterstützt. Vorderhaus, rechter und linker Seitenflügel dienen Wohnzwecken. In den sich anschließenden Gebäuden,
ursprünglich als Fabrikationsstätten genutzt, sind Einrichtungen der Humbold-Universität eingezogen.

1. Hof

Schröderstraße Nr. 5, Erlöserkirche

Nach dem verheerenden Brand in der Maschinenbaufabrik Hoppe und dem damit einhergehenden Komplettabriß der Werkanlagen wurde die Schröderstraße 1903/04 als Verbindung zwischen Berg- und Gartenstraße angelegt. 1904 entstanden im Auftrag der „Aktien Gesellschaft der evangelischen Gemeinschaft in Preußen" das Wohnhaus und die Kirche der methodistischen Erlösergemeinde. Für die Pläne der in neogotischen Formen errichteten Gebäude zeichnete Carl Breuer verantwortlich. Bei der Verlegung des Gotteshauses ins Hinterland des Grundstückes spielten nicht nur Kostenfragen eine Rolle, sondern vor allem die für Freikirchen und andere vom Staat unabhängige konfessionelle Einrichtungen geltende Verfügung sich an weniger auffälligen Stellen zu präsentieren. Wohn- und Gotteshaus sind von der Gemeinde während der DDR-Zeit mühevoll instandgehalten worden. Die geringen Mieteinnahmen erlaubten indes jahrzehntelang keine umfassende Rekonstruktion. Sie konnte erst in den letzten Jahren vorgenommen werden.

oben links: *Rechter Seitenflügel der Erlöserkirche*

oben rechts: *Blick vom Zille-Spielplatz zur Rückseite der*
                     Erlöserkirche

unten: *Blick zum Mittelteil*

Sophienstraße Nr. 17-18,
ehemaliges Handwerkervereinshaus

Der 1844 gegründete Handwerkerverein, der sich zunächst in der Johannisstraße Nr. 4 eingemietet hatte, verlegte nach dem Verbot von 1848 und der im Jahre 1859 erfolgten Wiederzulassung seinen Sitz in die Sophienstraße Nr. 15. An diesem Gebäude entstanden durch den Bau des Wertheim-Kaufhauses an der Ecke Rosenthaler Straße (Architekt: Alfred Messel) umfangreiche Schäden. Mit der von Wertheim gezahlten Abfindungssumme kaufte der Verein 1904 das Doppelgrundstück Nr. 17-18 und ließ nach Plänen der Architekten Joseph Franckel und Theodor Kampfmeyer die heute noch bestehende Anlage errichten. Die roten Klinker-verblendbauten gruppieren sich in H-Form um zwei Höfe. Das aus den vierziger Jahren des 19. Jahrhunderts stammende Vorderhaus wurde gleichzeitig umgebaut und mit dem repräsentativen Doppelportal aus Terrakotten ausgestattet. Im Quergebäude und den angrenzenden Seitenflügeln war Platz für mehrere kleinere und größere Veranstaltungsräume – die Sophiensäle. Neben Familien- und Belegschaftsfeiern fanden hier auch politische Groß-veranstaltungen statt. 1928 wurde in den Sophiensälen der Bund proletarisch revolutionärer Schriftsteller ins Leben gerufen. Nach dem 2. Weltkrieg als Theaterwerkstatt umfunktioniert, sind die Hofgebäude heute dringend sanierungsbedürftig. Die Sophiensäle werden zur Zeit von Off-Theatern, das Erdgeschoß von der Galerie Asian Fine Arts Factory genutzt.

oben: *Blick in den 1. Hof, 1994*

unten: *Blick zum rechten Seitenflügel, 1994*

Anklamer Straße Nr. 38-40, Weiber Wirtschaft eG

Dem um 1860 erbauten Wohnhaus Nr. 38 schließen sich drei Höfe an, die 1910 durch die Errichtung der Fabrikgebäude und der damit verbundenen Neuaufteilung des hinteren Grundstücksareals entstanden. Die ersten beiden Höfe wurden als Drei-Flügel-Anlagen konzipiert; der 3. Hof stößt an die Brandmauer der Nachbarparzelle und dient vor allem dazu, die hinteren Fenster des 2. Quergebäudes mit Tageslicht zu versorgen. Die mit Klinkern verblendeten Hofbauten entsprechen noch weitgehend dem Typus des Fabrikgebäudes aus dem späten 19. Jahrhundert. Der Komplex, in dem seit 1992 das Gründerinnen- und Gewerbezentrum Weiber Wirtschaft eG seinen Sitz hat, wurde nach Plänen der Architektin Inken Baller saniert. Das seit Kriegsende unbebaute Grundstück Nr. 40 erhielt ein neues Vorderhaus. Auf dem angrenzenden Hofgrundstück Brunnenstraße Nr. 33 befindet sich das Gebäude des ehemaligen privaten Synagogenvereins Beth Zion. Es wurde 1910 als Gotteshaus geweiht; die Innenräume wurden in der Pogromnacht, am 9. November 1938, verwüstet.

links: *Blick durch die Höfe zur Anklamer Straße*
rechts: *Quergebäude im 1. Hof*

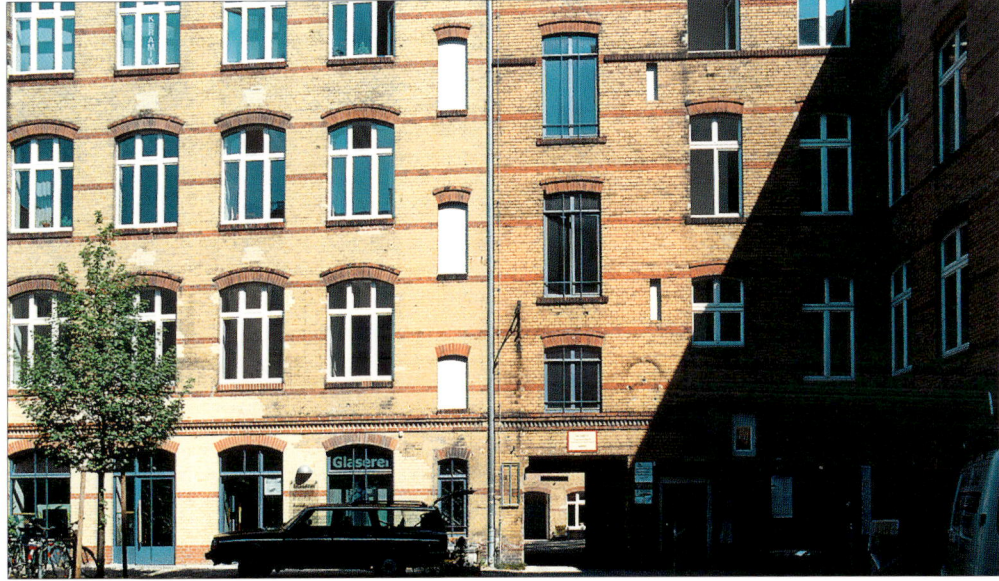

Linienstraße Nr. 150

Das dreigeschossige, im Formenkanon des Klassizismus errichtete Vorderhaus, das 1812 im Eigentum des Seidenwirkers Kühne war, dokumentiert zusammen mit dem ebenfalls dreigeschossigen Quergebäude des 1. Hofes die Bebauung des frühen 19. Jahrhunderts in der Straße. Die Linienstraße, an der Peripherie der Stadt gelegen, verband bis 1867 die nördlichen Tore (Oranienburger, Hamburger, Rosenthaler, Schönhauser und Prenzlauer Tor) miteinander. Nach dem Abriß der Zoll- und Akzisemauer entstanden zunehmend in der Straße neue Baulichkeiten, die den gewachsenen Anforderungen des großstädtischen Lebens Rechnung trugen. Aus dem Jahre 1908 datiert das Jugendstilgebäude im 2. Hof von Nr. 150. Die Fassadenornamentik verweist auf den Bauherr, die schlagende Verbindung „Germania". Als Architekt zeichnete Fedor Feit verantwortlich. Im Hause waren Festsäle, Versammlungsräume sowie der Fechtboden untergebracht. Zu DDR-Zeiten nutzte die Fachschule für Artistik die Räumlichkeiten als Internat. Die ehemals maroden Gebäude wurden inzwischen instandgesetzt und denkmalgerecht restauriert. Auf dem Grundstück blieb der Garten erhalten.

links: Vorderhaus, 1994
rechts: Eingang des Quergebäudes im 2. Hof, 1994

oben: *Quergebäude im 2. Hof nach der Rekonstruktion*

unten: *Blick in den Garten, 1994*

Ackerstraße Nr. 14-15, Ackerhöfe

Mitte des 19. Jahrhunderts wurden die beiden einst separaten Kolonistengrundstücke zusammengefaßt und unter dem Eigentümer, dem Posamentierer Wilhelmi, neu bebaut. Das später aufgestockte Wohn- und Geschäftshaus an der Straße ist mit seiner Putzquaderung im Erdgeschoß, der Ornamentik und den Kolossalpilastern in den oberen Etagen deutlich der Formensprache des Klassizismus verpflichet. 1897 entstanden im Auftrag des Eigentümers Max Budwell die Fabrikgebäude samt Dampfmaschinenhaus im hinteren Teil des Hofareals. Die Ausführung übernahm der Baumeister Eichholz. Im Jahre 1910, nach einem neuerlichen Besitzerwechsel (Otto Gillmann), wurde das vordere Hofgrundstück, auf dem bis zu dieser Zeit noch Stallungen zu finden gewesen waren, durch zwei aufwendig ausgestattete Quergebäude neu geordnet. Die Pläne lieferte der Architekt Johannes Kraaz. Damit waren vier Höfe entstanden, die durch den Verzicht auf eine vierseitige Bebauung dennoch bis heute hell und freundlich wirken. Die Gesamtanlage ist 1998/99 rekonstruiert worden und wird weiterhin für Wohn- und gewerbliche Zwecke genutzt.

oben: *Fassade 1. Quergebäude, 1994*
unten links: *Blick in die Höfe, 1994*
unten rechts: *1. Hof nach der Instandsetzung*

Rosenthaler Straße Nr. 40-41/ Sophienstraße Nr. 6, Hackesche Höfe

Mit 9 Höfen und 10 Durchfahrten ist die 1906/07 errichtete Anlage am Hackeschen Markt der größte Wohn- und Gewerbehofkomplex Berlins. Bauherr waren die Quilitz'schen Erben, in deren Besitz sich das Grundstück Rosenthaler Straße Nr. 40 befand und die 1902 sowie 1906 zusätzlich die Parzellen Sophienstraße Nr. 6 bzw. Rosenthaler Straße Nr. 41 erwarben. Für die Neubebauung der drei Grundstücke konnte der Baumeister Kurt Berndt gewonnen werden, für die repräsentative Gestaltung des Haupthofes der Jugendstilarchitekt August Endell. Im Komplex wurde das traditionelle Miteinander von Wohnen und Arbeiten weitergeführt, aber in eigens dafür vorgesehenen Höfen getrennt untergebracht. Je nach Funktion, ob für Wohn- oder Gewerbezwecke bestimmt, erfuhren die Hofgebäude eine unterschiedliche Gestaltung. Die Wohnbauten wurden mit Putzfassaden versehen und durch Balkons und Loggien gegliedert, die Fabrik- und Saalbauten, die den Beginn des Skelett- und Rasterbaus markieren, erhielten als Verblendung weiße Glasurziegel. Mit Parkettfußböden, Innentoiletten, Bädern und Zentralheizung in den Wohnungen sollte als Interessent der Mittelstand angesprochen werden, der sich seit Mitte des 19. Jahrhunderts immer mehr aus dem Viertel der Spandauer Vorstadt zurückgezogen hatte. Seit den zwanziger Jahren waren die Hackeschen Höfe im Eigentum des Unternehmers Jakob Michael.

links: Westfassade des 1. Hofes, 1993
rechts: Ostfassade des 1. Hofes, 1993

Von 1994 bis 1996 wurde der gesamte Komplex im Auftrag der Unternehmensgruppe Roland Ernst und Behne Immobilien, die den Hausbesitz von den Michael Erben kauften, nach Plänen des Architekturbüros Weiß & Partner denkmalgerecht wieder hergerichtet. Einzig die Schauseiten zur Rosenthaler Straße und dem Hackeschen Markt mußten neu gestaltet werden, da die neobarocke Außenfassade 1960 komplett abgebrochen worden war. Im Komplex gibt es heute mehr als sechzig Institutionen und Firmen, Geschäfte und Galerien, gastronomische Einrichtungen und Kinos, sowie das Varieté Chamäleon und das Hackesche Hoftheater.

oben: Wohnhaus (Detail), Hackesche Höfe, 1993
unten: Gewerbehof, 1994

oben: *Instandgesetzte Gewerbehoffassaden im 2. Hof*

unten links: *Brunnenhof*

unten rechts: *Restaurierte Ostfassade des 1. Hofes*

Almstadtstraße Nr. 9-11

Von ähnlich repräsentativem Zuschnitt wie die Hackeschen
Höfe ist die kleine Einhofanlage der ehemaligen Essigfabrik
Otto Heinn. 1902 nach Plänen des Architekten und
Ratsmaurermeisters Gustav Lanzendorf erbaut, reiht sich
der Komplex in die Reihe der Versuche ein, der Spandauer
Vorstadt und ihrem Scheunenviertel am Beginn des 20.
Jahrhunderts ein neues bauliches Gesicht zu geben. Die
frühere Grenadierstraße, in der vor allem die ärmere
Berliner Bevölkerung und ostjüdische Einwanderer lebten,
war von starken sozialen Problemen gekennzeichnet. Um so
bemerkenswerter erscheint hier die von Heinn in Auftrag
gegebene aufwendige Gestaltung des Gebäudeensembles.
Die Straßenfassade verweist mit ihrer Putzornamentik, dem
Weinblattmotiv, auf den Nutzer. Im Erdgeschoß des
Vorderhaus befanden sich die Verkaufsräume der Essig- und
Senffabrik. Die Obergeschosse dienten und dienen Wohnzwecken. Das Produktionsgebäude mit rundem Treppenturm
befindet sich im Hof, die Fassaden sind mit glasierten
Verblendziegeln in weiß und türkis ausgestattet. Im
Treppenturm selbst hat sich eine der nur noch selten
anzutreffenden eisernen Wendeltreppen erhalten. Der Hof ist
als Drei-Flügel-Anlage konzipiert, die Hofdecke wurde mit
farbigen Fliesen ausgelegt. In dem an der linken Seite
befindlichen Flügel werden die Vorderhauswohnungen
hineingeführt, die im hinteren Eckraum wiederum ihren
Dienstbotenaufgang haben. Er dient gleichzeitig als zweiter
Zugang zum gewerblich genutzten Quergebäude. Zwischen
1998 und 2000 rekonstruiert, erstrahlen die Bauten in
neuem Glanz.

links: Blick zum ehemaligen Produktionsgebäude

Neue Schönhauser Straße Nr. 20, Kurt-Berndt-Höfe

Das Vorderhaus und die drei Höfe wurden von Kurt Berndt 1912 als reiner Gewerbehofkomplex errichtet. Auftraggeber war die Metropol-Theater Aktien Gesellschaft. Obwohl es bis zu diesem Zeitpunkt noch keine Bauverfügung gab, die die Mischung von Wohn- und gewerblichen Zwecken unterband, begann noch vor dem I. Weltkrieg eine allmähliche Trennung dieser Funktionen. Sie wurde nicht in erster Linie von der Rücksichtnahme auf die Wohnmieter bestimmt, sondern vor allem von den Erfordernissen der industriellen Produktion. Im Erdgeschoß des Vorderhauses und des I. Seitenflügels befand sich in den zwanziger Jahren, das anrüchige „Reese-Lokal". Lesetip: Joseph Roths „Nächte in Kaschemmen". In den letzten Jahren saniert und restauriert, auch hier sind die Anfänge der Skelett- und Rasterbauweise zu besichtigen, hat u.a. das Goethe-Institut Räume in den Gebäuden bezogen.

S. 80 rechts: *1. Hof nach der Rekonstruktion*

oben: *2. Hof nach der Rekonstruktion*

unten: *1. Hof, 1993*

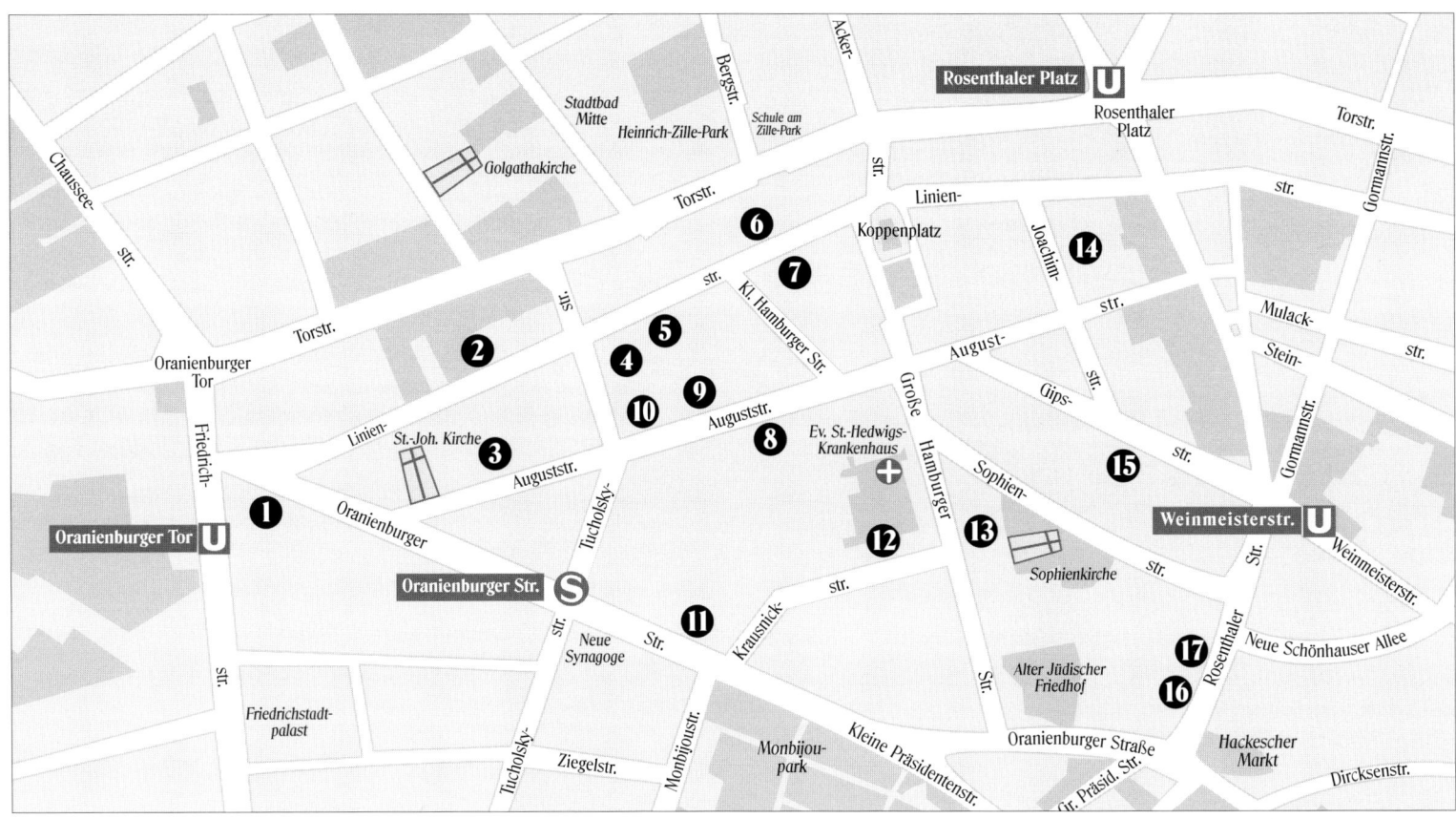

Legende

1. Kunsthaus Tacheles

2. Linienstraße Nr. 147

3. Auguststraße Nr. 83 / Linienstraße Nr. 147

4. Oranienburger Straße Nr. 35-36

5. Linienstraße Nr. 158-159

6. Linienstraße Nr. 98 / Torstraße Nr. 164

7. Linienstraße Nr. 162

8. Auguststraße Nr. 21

9. Auguststraße Nr. 69

10. Oranienburger Straße Nr. 32

11. Oranienburger Straße Nr. 27

12. Krausnickstraße Nr. 14

13. Große Hamburger Straße Nr. 30-31

14. Joachimstraße Nr. 11

15. Sophienstraße Nr. 21-22

16. Rosenthaler Straße Nr. 40-41 / Sophienstraße Nr. 6

17. Rosenthaler Straße Nr. 39

EIN SPAZIERGANG DURCH DIE HÖFE

Als Ausgangspunkt für einen Spaziergang durch die Höfe und Hinterhöfe bietet sich der U-Bahnhof Oranienburger Tor an. Von der Friedrichstraße aus führt der Weg durch den Skulpturenpark des Kunsthauses Tacheles, der strenggenommen kein Hof ist, sondern nur das beräumte Trümmergrundstück des ehemaligen Passage-Kaufhauses. Es wurde 1907 / 08 im Auftrag von Wolf Wertheim durch Franz Ahrens erbaut und seit 1928 als "Haus der Technik" genutzt. Im 2. Weltkrieg schwer zerstört, blieb nach Abrissen zur DDR-Zeit nur noch das Gebäudeteil Oranienburger Straße Nr. 54-56a erhalten. Seit Anfang der neunziger Jahre sind im Hause Ausstellungs- und Veranstaltungsräume sowie Ateliers der Künstlervereinigung Tacheles untergebracht.

Dem üblichen Touristenstrom, zumal an den Wochenenden, entkommt, wer, statt auf der Oranienburger Straße weiterzuwandeln, in die stillere Linienstraße einbiegt. Sie bezeichnete bis 1867, bis zum Abbruch der Zoll- und Akzisemauer, die nördliche Peripherie der Stadt. Auf den Grundstücken Linienstraße Nr. 147 / Auguststraße Nr. 83 läßt sich ein überaus ansehnlicher gründerzeitlicher Wohnhofkomplex entdecken, der mit viel Aufwand in den letzten Jahren saniert und restauriert wurde. Der einzelne Tourist, der "Reisende vom Fach", wie ihn Theodor Fontane nannte, ist hier durchaus willkommen. Es sollte sich aber von selbst verstehen, nicht in Gruppen in die private Wohnhofanlage einzufallen.

Während die Linienstraße Nr. 147 schon ab 1879 neu bebaut wurde, erfolgte die Neugestaltung der Parzelle Auguststraße Nr. 83 erst im Jahre 1882. Den Vorderhäusern schließt sich jeweils ein Hof an, der in den in der Mitte der Grundstücke befindlichen geräumigen Gartenhof mündet. Bauherr und vermutlich auch Bauausführender war der Ratsmaurermeister Kuhn gewesen. Die heutige Rekonstruktion der Anlage wurde im Auftrag der GVA durchgeführt. Für die Planungen zeichnete der Architekt Bernd Gerdes verantwortlich. Dank Fördermittel, die in die baulichen Maßnahmen einflossen, kostet das Privileg, hier zu wohnen, derzeit lediglich 6,25 DM pro Quadratmeter. Bemerkenswert im Hof zur Linienstraße ist das früher als Wagenremise und Kutscherhaus genutzte zweigeschossige Gebäude im Stil der Neorenaissance. Zu DDR-Zeiten waren hier zeitweilig Teile des von Markschiess van Trix begründeten Artistenmuseums eingelagert. Im Erdgeschoß des Vorderhauses Auguststraße Nr. 83 haben die Galerie Gesellschaft und die Cartoonfabrik Ausstellungsräume.

Von der Auguststraße aus läßt sich die Hofanlage des ehemaligen Postfuhramtes besichtigen. Es wurde in den Jahren 1875-81, anstelle des im frühen 18. Jahrhunderts entstandenen Postillionhauses, errichtet. Die Pläne stammten von dem Postbaurat Carl Schwatlo. Mit der Ausführung war Carl Tuckermann betraut worden. An der linken hofseitigen Fassade ist ein Flachrelief zu entdecken, das von dem Bildhauer Steinemann geschaffen wurde und die Abfahrt einer Postkutsche darstellt.

Durch die Tucholskystraße, vorbei am Sitz der Adass-Israel-Gemeinde, geht es zurück auf die Linienstraße. Hier lädt das Doppelhaus Nr. 158-159 zum Verweilen ein. Der ehemalige Wohn- und Gewerbehofkomplex, 1871 im Auftrag des Maurermeisters Fränkel erbaut, wurde in den letzten Jahren von dem Architekten Hanns Düttmann umfassend rekonstruiert. Das Fabrikgebäude im zweiten Hof, in dem noch Anfang der neunziger Jahre eine Geldschrankschlosserei tätig war, dient seit der Sanierung als Wohnhaus. Im Komplex sind neben dem Architekturbüro Düttmann, die Galerie Peters-Barenbrock sowie Wiens Laden & Verlag untergebracht. Die ehemals völlig marode Anlage, die zeitweilig von jungen Leuten besetzt war, vermittelt mit den wiederhergestellten Fassaden, mit Kopfsteinpflasterung und Begrünung, insbesondere im ersten Hof, noch etwas von der Atmosphäre einer weniger hektischen Zeit als der unseren. Konterkarierend entstand an der Südseite des zweiten Hofes ein gläserner Neubau.

Die Kleine Hamburger Straße überquerend, die einst zum Hamburger Tor führte, geht die Wanderung auf der Linienstraße weiter, vorbei an der Rückseite der Katholischen St. Adalbert-Kirche (Zugang über den Hof Torstraße Nr. 168), die nach Plänen von Clemens Holzmeister erbaut und 1933 eingeweiht wurde.

In den gelben Klinkerverblendbauten Linienstraße Nr. 98 / Torstraße Nr. 164 befanden sich einst das Königlich Preußische Leihamt und später das Leihamt der Stadtgemeinde Berlin. 1848 erbaut und ein Jahr später bezogen, waren in dem Gebäudekomplex außerdem die Wohnungen des Portiers und des Magazindieners untergebracht. Zur DDR-Zeit wurden von hier aus Antiquitäten ins westliche Ausland verfrachtet. In der Anlage von zwei Höfen, die 1998 / 99 rekonstruiert wurde, haben sich Firmen des Medienbereiches und ein Restaurant angesiedelt.

Schräg gegenüber, in der Linienstraße Nr. 162, ist ein 1911 von Stadtbaumeister Ludwig Hoffmann errichtetes Schulgebäude zu entdecken. In ihm hat heute die Volkshochschule Mitte ihren Sitz. Der Schulhof wird von Vorderhaus, rechtem Seitenflügel und Quergebäude umrahmt und öffnet sich an der östlichen Seite des Grundstückes zum Komplex der ehemaligen Wilhelminen-Amalien-Stiftung. Sie war von dem Stadtrat Hollmann begründet worden. Dem in den dreißiger Jahren des 19. Jahrhunderts entstandenen Gebäude an der Linienstraße Nr. 163-165 schließt sich der später errichtete Flügel am Koppenplatz Nr. 11 an. Sehenswert ist hier der große, freilich nicht öffentlich zugängliche Gartenhof des heutigen Seniorenheimes.

Vom Koppenplatz, dem bis 1840 als Armenfriedhof dienenden Areal, an dem ein weiterer Schulbau (Nr. 12) Ludwig Hoffmanns von 1902 / 07 steht, läßt sich die Hinterhoftour nach einem Schwenk rechts in die Auguststraße fortsetzen. Auf dem Grundstück Auguststraße Nr. 21 befindet sich eines der zahllosen Schulgebäude, die Hermann Blankenstein, Amtsvorgänger Hoffmanns, vor der Wende zum 20. Jahrhundert in Berlin erbaute. In den roten Klinkerverblendbauten von 1894 / 95 sind heute das Kulturamt Mitte, die Galerie Weißer Elefant, die Comic-Bibliothek und weitere kulturelle

Einrichtungen untergebracht. Wie so häufig bei den Blankensteinschen Schulen findet sich das Direktoratsgebäude an die Straße und das eigentliche Schulhaus in

den Hof verlegt. Der Vergleich zu den Schulbauten Hoffmanns ist reizvoll.

Nur ein paar Schritte weiter (Nr. 69) kann das älteste Haus der Auguststraße besichtigt werden. In ihm haben die Kunst-

Werke (siehe S. 20-23, 86, 99) ihr Domizil. Gegenüber das von Eduard Knoblauch 1861 fertiggestellte Jüdische Krankenhaus (Nr. 14-16) und die 1927 / 28 von

Alexander Beer errichtete Jüdische Mädchen-Volksschule (Nr. 13).

Über den Zugang Auguststraße Nr. 9 lassen sich die drei Heckmann Höfe (siehe S. 66-67) erreichen. Der zweite Hof

gestattet den Blick auf die Rückseite der nur noch in Teilen erhaltenen Neuen Synagoge, die ebenfalls nach Plänen von Eduard Knoblauch erbaut und 1866

eingeweiht wurde. Durch Hof eins und den Vordereingang geht es auf die Oranienburger Straße hinaus.

Vom Kunsthof, Oranienburger Straße Nr. 27 (siehe S. 56-58), der wie fast alle öffentlichen Höfe die Gelegenheit für eine

Kaffeepause oder einen Imbiß bietet, führt die Route durch die 1861 über das ehemalige Galgengrundstück angelegte Krausnickstraße. Die inzwischen größtenteils

restaurierten Gebäude und Hofanlagen, die den sechziger und siebziger Jahren des 19. Jahrhunderts entstammen, sind leider nicht öffentlich zugänglich. Wer Glück

hat, erhascht hier oder da bei offenstehender Haustür einen Blick in die zumeist winzigen Höfe.

Kontrastierend dazu die Wohnanlage Große Hamburger Straße Nr. 29-31 mit großzügiger dimensionierten Höfen. Der Komplex, der die 1713 eingeweihte Evangelische Sophienkirche flankiert, wurde im Auftrag der Sophiengemeinde 1904 / 05 von Kurt Berndt errichtet. Die Pläne für das auf die Kirche abgestimmte neobarocke Gebäudeensemble hatte das Architekturbüro Kyllmann & Heyden geliefert.

Auch der ausgedehnte, begrünte Hofkomplex des Katholischen St. Hedwig-Krankenhauses, Große Hamburger Straße Nr. 5-11, ist einen Besuch wert. Das Kerngebäude des Krankenhauses, das sich im Hof befindet, wurde 1855 nach Plänen des Kölner Dombaumeisters Vincenz Staatz fertiggestellt. Vom Krankenhausgelände aus lassen sich darüberhinaus einige Hofanlagen einsehen, die ihren Zugang in der Krausnickstraße haben.

Wieder am Koppenplatz empfiehlt sich der Schwenk rechts in die Gipsstraße, die wie die August- und Linienstraße zum 1716 abgesteckten Gassennetz des Viertels gehört. Die Gipsstraße Nr. 4 (siehe S. 59) verfügt über einen der berüchtigten Kleinsthöfe, wie ihn die Bauordnung von 1853 gestattete. Wer seine Wanderung mit einem Besuch in der Galerie Blickensdorff verbindet, erhält von den hinteren Ausstellungsräumen aus eine Ansicht vom Hof.

In der auf die Gipsstraße stoßenden Joachimstraße befindet sich auf dem Hof des Grundstückes Nr. 11 ein 1894 im Auftrag des Maurermeisters Vogeler erbautes Fabrikgebäude. Mit seiner gestreiften Klinkerfassade und der schon die Skelett- und Rasterbauweise vorwegnehmenden Struktur stellt es ein vorbildliches Beispiel für die Berliner Gewerbehofarchitektur am Ende des 19. Jahrhunderts dar. 1897 erwarb der Pianofabrikant J. Schiller das Anwesen, der in den Gewerberäumen seine Produktionsstätten unterbrachte. Zur Klavierproduktion gesellte sich später auch noch ein Dampfsägewerk. Die Ausstellungs- und Verkaufsräume des Werkes hatte der Schillersche Betrieb in der belebteren Rosenthaler Straße Nr. 5. Im 2. Weltkrieg wurde die straßenseitige Bebauung zerstört. Die einstige Fabrikanlage ist inzwischen rekonstruiert worden.

Über die Gipsstraße Nr. 12 lassen sich die Sophie-Gips-Höfe (siehe S. 62) bis zur Sophienstraße durchqueren. Das einstige gründerzeitliche Wohn- und Fabrikareal gehört heute zu den vielbesprochenen Kunst- und Kulturhöfen Berlins.

In der Sophienstraße Nr. 6 haben die Hackeschen Höfe (siehe S. 77-79) ihren hinteren Eingang. 1906 / 07 als größte Wohn- und Gewerbehofanlage Berlins errichtet, weist das Konzept schon in die Anfänge der baulichen Moderne. Spektakulär sind die detailgetreu rekonstruierten Fassaden des ersten Hofes, deren Entwürfe von dem Jugendstilarchitekten August Endell stammen.

Beschließen läßt sich der Spaziergang auf den Höfen der Rosenthaler Straße Nr. 39. Die Geschichte der Vorbebauung reicht hier – wie bei den Hackeschen Höfen – bis ins Jahr 1750, der Entstehungszeit des Hackeschen Marktes. Obwohl im Laufe des 19. Jahrhunderts mehrfache bauliche Veränderungen vorgenommen wurden, ist der historische Grundstückszuschnitt erhalten geblieben. Das schmale, aber tiefe Flurstück gestattete eine weit nach hinten gestaffelte Hofbebauung. Waren 1822 neben dem Eigentümer Denzer und seiner Seifensiederei lediglich zwei Mieter unter der Adresse verzeichnet, so stieg ihre Anzahl 1841 auf acht und 1849 auf dreizehn. In der Tordurchfahrt des Vorderhauses erinnert eine im Boden eingelassene Gedenktafel an die Blindenwerkstatt von Otto Weidt, die von 1940 bis 1945 im Seitenflügel des ersten Hofes tätig war. Weidt versuchte seine jüdischen Angestellten vor dem Zugriff der Gestapo zu schützen und damit vor dem Tod zu retten. Inge Deutschkron, die bei Weidt als Sekretärin arbeitete, hat ihm in ihrem Buch „Ich trug den gelben Stern" ein literarisches Denkmal gesetzt.

Kunsthaus Tacheles, Skulpturenpark

Linienstraße Nr. 147, Remise 1995

Linienstraße Nr. 147, Remise nach der Restaurierung

Oranienburger Straße Nr. 35-36, Hof des ehemaligen Postfuhramtes

Linienstraße Nr. 158-159, Fassaden 1994

Linienstraße Nr. 158-159, Blick in den ersten Hof

Linienstraße Nr. 98 / Torstraße Nr. 164, 1. Hof

Linienstraße Nr. 162, Schulhof

Auguststraße Nr. 21, ehemaliger Schulhof

Auguststraße Nr. 69, Spiegelskulptur

Oranienburger Straße Nr. 32, Heckmann Höfe, 2. Hof

Oranienburger Straße Nr. 27, Kunsthof, Blick zum Vorderhaus   *Krausnickstraße Nr. 14*

Große Hamburger Straße Nr. 30-31, Blick in den Hof

Joachimstraße Nr. 11, Gebäude der ehemaligen Pianofabrik J. Schiller

Sophienstraße Nr. 21-22 / Gipsstraße Nr. 12, Sophie-Gips-Höfe, 1. Hof

Sophienstraße Nr. 21-22 / Gipsstraße Nr. 12, 2. Hof

Rosenthaler Straße Nr. 40-41 / Sophienstraße Nr. 6, Hackesche Höfe, Westfassade des 1. Hofes

Rosenthaler Straße Nr. 40-41 / Sophienstraße Nr. 6, Hackesche Höfe, Südfassade des 1. Hofes

Rosenthaler Straße Nr. 40-41 / Sophienstraße Nr. 6, Hackesche Höfe, 2. Hof

Rosenthaler Straße Nr. 40-41 / Sophienstraße Nr. 6, Hackesche Höfe, 3. Hof

OBJEKTREGISTER

QUELLEN

- Allgemeiner Wohnungsanzeiger für Berlin, Charlottenburg und Umgebungen auf das Jahr 1851, Berlin 1851
- Allgemeiner Wohnungsanzeiger für Berlin, Charlottenburg und Umgebungen auf das Jahr 1861, Berlin 1861
- Anschauliche Tabellen von der gesammten ResidenzStadt Berlin, Dargestellt von Karl Neander von Petersheiden, Berlin 1799
- Berliner Adreßbücher 1875, 1882, 1895, 1906, 1910, 1928, 1932
- Berlin und seine Bauten. Herausgegeben vom Architekten-Verein zu Berlin, Berlin 1877, 1893
- Datenbank Denkmalliste Berlin
- Grundakte, Grundbuchbezirk Oranienburger Tor, Bd. 24, Bl. 702
- Hübner, Volker: Berliner Treppen in Wohngebäuden des 17. bis 19. Jahrhunderts, Berlin 1995
- Landesarchiv Berlin (LAB), A Rep. 010-02, Nr. 2052-2053, Brunnenstr. Nr. 181
  Ebenda, Nr. 3556, Ackerstr. Nr. 14-15
  Ebenda, Nr. 5209-5211, Rosenthaler Str. Nr. 40-41
  Ebenda, Nr. 3556, Sophienstr. Nr. 6

- LAB, A Rep. 180, Bd. 1, Bl. 1-28
  Ebenda,   Bd. 18, Bl. 66-93
  Ebenda,   Bd. 18, Münzstr, Nr. 1, Film-Nr. 3
  Ebenda,   Bd. 18, Bl. 17-84
  Ebenda,   Bd. 18, Bl. 1-50
  Ebenda,   Bd. 18, Bl. 12-14
  Ebenda,   Bd. 18, Münzstr, Nr. 1, Film-Nr. 39
  Ebenda,   Bd. 18, Bl. 1-59
  Ebenda,   Bd. 18, Bl. 17-24
- Oehmig, Christiane; Hübner, Volker: Lauter gute Adressen? Restaurierung von Treppenhaus und Hofbemalungen in Berliner Mietshäusern, Landesdenkmalamt Berlin, mit einem Vorwort von Hans Stimmann, Berlin 1997
- Zwischen Brandenburger Tor und Alexanderplatz, Denkmale in Berlin-Mitte, herausgegeben von der Senatsverwaltung für Stadtentwicklung und Umweltschutz, Beiträge zur Denkmalpflege in Berlin, Heft 2, Berlin 1994

LITERATUR

- Berlin: offene Stadt. Die Stadt als Ausstellung. Der Wegweiser, Berlin, 2. Aufl., Berlin 1999
- Clausewitz, Paul: Die Pläne von Berlin und die Entwicklung des Weichbildes, Mitteilungen des Vereins für die Geschichte Berlins, Berlin 1906
- Demps, Laurenz: Die Oranienburger Straße. Von der Kurfürstlichen Meierei zum modernen Stadtraum. Berlin 1998.
- Die Bau- und Kunstdenkmale in der DDR, Bd. 1, 1983
- Eckhardt, Ulrich; Nachama, Andreas: Jüdische Orte in Berlin. Mit Feuilletons von Heinz Knobloch, Berlin 1996
- Feyerabend, Wolfgang: Der Berliner Kunsthof, Berlin 1998
- Feyerabend, Wolfgang: Quer durch Mitte – Die Spandauer Vorstadt, Berlin 1999
- Feyerabend, Wolfgang: Die Heckmann Höfe, Berlin 2000
- Fritzsche, Horst: Wegweiser zu Berlins Straßennamen. Mitte, mit einem Vorwort von Herbert Mayer, Berlin 1995

- Gut, Albert: Das Berliner Wohnhaus des 17. und 18. Jahrhunderts (1. Aufl., Berlin 1917), Berlin 1984
- Hegemann, Werner: Das steinerne Berlin. Geschichte der größten Mietskasernenstadt der Welt, Berlin 1930
- Kieling, Uwe: Berlin – Baumeister und Bauten, Leipzig 1987
- Müther, Hans: Berlins Bautradition. Kleine Einführung, Berlin 1956
- Ribbe, Wolfgang (Hrsg.): Geschichte Berlins, 2 Bde., 2. durchgesehene Aufl., München 1988
- Roth, Joseph: Berliner Saisonbericht. Unbekannte Reportagen und journalistische Arbeiten 1920-39. Herausgegeben und mit einem Vorwort von Klaus Westermann, Köln 1984
- Schachinger, Erika: Alte Wohnhäuser in Berlin. Ein Rundgang durch die Innenstadt, Berlin 1969
- Zech, Hermann: Die Friedrich-Wilhelm Stadt in Berlin-Mitte, Berlin 1997

ZITATE

1. Grosz, George: Eintrittsbillett zu meinem Gehirnzirkus. Erinnerungen, Schriften, Briefe. Herausgegeben und mit einem Nachwort versehen von Renate Hartleb, Leipzig und Weimar 1988, S. 7f.

2. Geist, Johann Friedrich / Kürvers, Klaus: Das Berliner Mietshaus 1862-1945, München 1984, S. 391

3. Liersch, Werner: Dichters Ort. Ein literarischer Reiseführer, Rudolstadt 1985, 2. Aufl., S. 28f.

4. Nicolai, Friedrich: Beschreibung der königlichen Residenzstadt Berlin. Herausgegeben von Karlheinz Gerlach, Leipzig 1987, S. 51

5. ebenda, S. 93

6. Skoda, Rudolf: Die Rosenthaler Vorstadt. Wohnverhältnisse der Stadtarmut 1750-1850, Miniaturen zur Geschichte, Kultur und Denkmalpflege Berlins, Nr. 15, Berlin 1985, S. 6f.

7. Bettine. Eine Auswahl aus den Schriften und Briefen der Bettina von Arnim-Brentano, Auswahl und Einführung: Dr. Gisela Kähler, Berlin 1952, S. 510f.

8. Peters, Günter: Kleine Berliner Baugeschichte. Von der Stadtgründung bis zur Bundeshauptstadt, Berlin 1995, S. 115

9. Aßmann, Gustav: Grundrisse für städtische Wohngebäude. Mit Rücksicht auf die für Berlin geltende Bauordnung, Berlin 1862, Blatt 6, XII. Grundstück

10. Archiv flurstück GmbH

11. Hans Fallada: Damals bei uns daheim, Berlin. Erlebtes, Erfahrenes und Erfundenes, Berlin 1977, S. 128f.

ebenfalls im Kai Homilius Verlag erschienen...

**Der Hamburger Bahnhof
in Berlin (53)**
Johannes Schneider
3-931121-52-6
auch in englisch

Fort Hahneberg (64)
Peter Feist
3-931121-63-1

**Die Deutsche Oper
Berlin (66)**
Doris Heidelmeyer
3-931121-65-8

**Theater des Westens
in Berlin (78)**
Jo Lüdemann
3-931121-77-1

**Die Heckmann Höfe
in Berlin (89)**
Wolfgang Feyerabend
3-89706-088-4

Der historische Ort
Reihenweise Entdeckungen

**Biesdorf –
mitten in Berlin (103)**
Günter Peters
3-89706-102-3

Zitadelle Spandau (148)
Andrea Theissen
3-89706-147-3
auch in englisch

**Jeder Titel nur
5 Mark**

**Die Sophienkirche
in Berlin (160)**
Thomas Raschke
3-89706-159-7

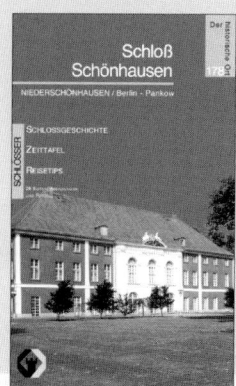

**Schloss Schönhausen
in Berlin (178)**
Lars-Holger Thümmler
3-89706-177-5

Kai Homilius Verlag Christburger Strasse 4 • 10405 Berlin Tel: 0 30-44 34 23 55 • Fax: 0 30-44 34 25 97
E-Mail: home@kai-berlin.de • Homepage: http://www.kai-berlin.de

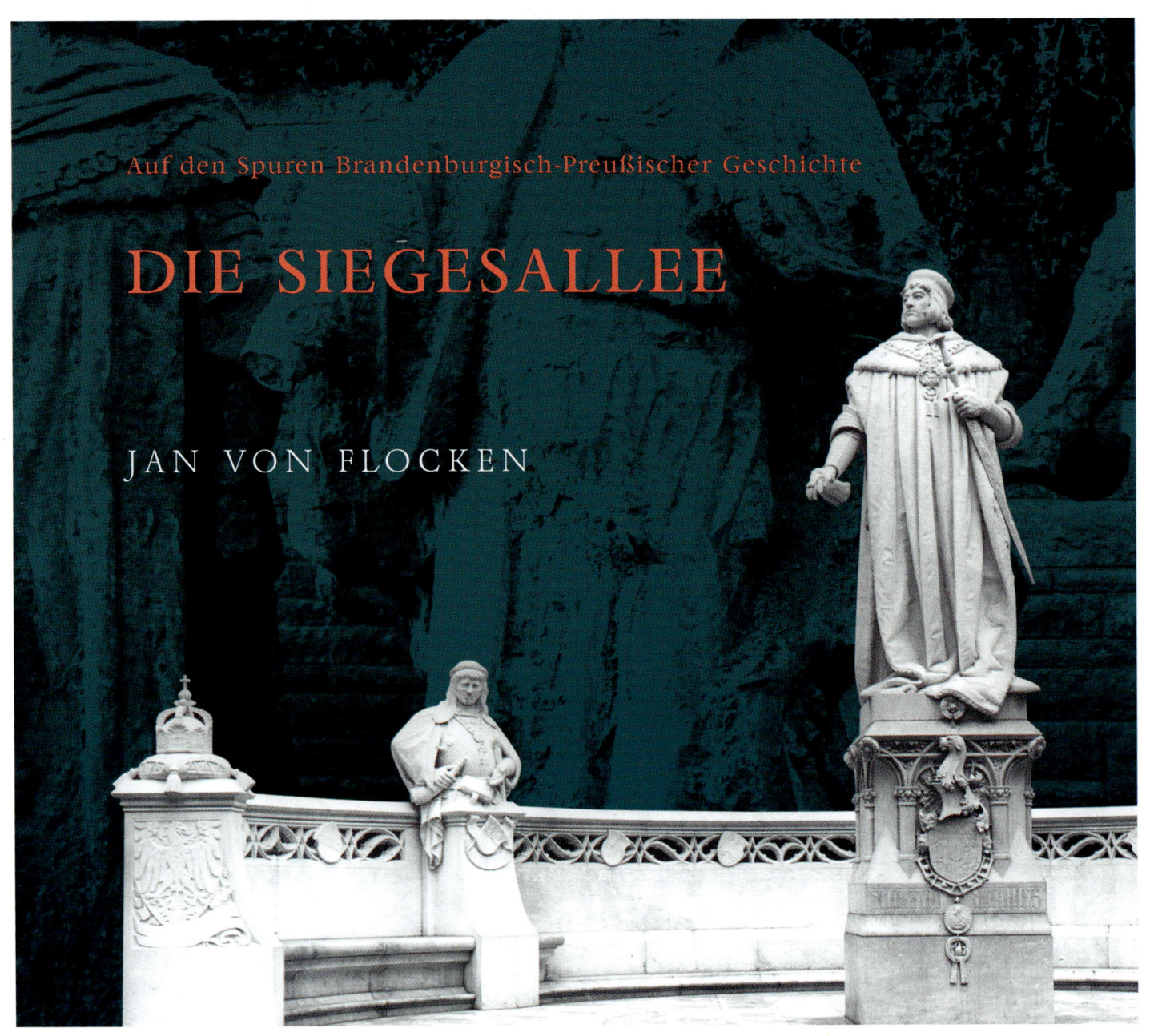

Auf den Spuren Brandenburgisch-Preußischer Geschichte

DIE SIEGESALLEE

JAN VON FLOCKEN

Erscheint im Oktober 2000 • Preis: 49,80 DM